马克思主义简明读本

解读《解放思想，实事求是，团结一致向前看》

丛书主编：韩喜平

本书著者：孙　伟

编　委　会：韩喜平　邵彦敏　吴宏政
　　　　　　王为全　罗克全　张中国
　　　　　　王　颖　石　英　里光年

吉林出版集团股份有限公司

图书在版编目（CIP）数据

解读《解放思想，实事求是，团结一致向前看》/孙伟著. -- 长春：吉林出版集团股份有限公司，2014.4（2019.2重印）
（马克思主义简明读本）

ISBN 978-7-5534-2643-3

Ⅰ.①解… Ⅱ.①孙… Ⅲ.①《解放思想，实事求是，团结一致向前看》–邓小平著作–研究 Ⅳ.①A849.12

中国版本图书馆CIP数据核字（2013）第174158号

解读《解放思想，实事求是，团结一致向前看》
JIEDU JIEFANG SIXIANG SHI SHI QIU SHI TUANJIE YIZHI XIANG QIAN KAN

丛书主编：韩喜平
本书著者：孙　伟
项目策划：周海英　耿　宏
项目负责：周海英　耿　宏　宫志伟
责任编辑：陈　曲　潘　晶
出　　版：吉林出版集团股份有限公司
发　　行：吉林出版集团社科图书有限公司
电　　话：0431-86012746
印　　刷：北京一鑫印务有限责任公司
开　　本：710mm×960mm　1/16
字　　数：100千字
印　　张：12
版　　次：2014年4月第1版
印　　次：2019年2月第3次印刷
书　　号：ISBN 978-7-5534-2643-3
定　　价：29.70元

如发现印装质量问题，影响阅读，请与出版方联系调换。0431-86012746

序　言

习近平总书记指出，青年最富有朝气、最富有梦想，青年兴则国家兴，青年强则国家强。青年是民族的未来，"中国梦"是我们的，更是青年一代的，实现中华民族伟大复兴的"中国梦"需要依靠广大青年的不断努力。

要提高青年人的理论素养。理论是科学化、系统化、观念化的复杂知识体系，也是认识问题、分析问题、解决问题的思想方法和工作方法。青年正处于世界观、方法论形成的关键时期，特别是在知识爆炸、文化快餐消费盛行的今天，如果能够静下心来学习一点理论知识，对于提高他们分析问题、辨别是非的能力有着很大的帮助。

要提高青年人的政治理论素养。青年是祖国的未来，是社会主义的建设者和接班人。党的十八大报告指出，回首近代以来中国波澜壮阔的历史，展望中华民族充满希望的未来，我们得出一个坚定的结论——实现中华民族伟大复兴，必须坚定不移地走中国特色社会主义道路。要建立青年人对中国特色社会主义的道路自信、理论自信、制度自信，就必须要对他们进行马克思主义理论教育，特别是中国特色社会主义理论体系教育。

要提高青年人的创新能力。创新是推动民族进步和社会发展的不竭动力，培养青年人的创新能力是全社会的重要职责。但创新从来都是继承与发展的统一，它需要知识的积淀，需要理论素养的提升。马克思主义理论是人类社会最为重大的理论创新，系统地学习马克思主义理论有助于青年人创新能力的提升。

要培养青年人的远大志向。"一个民族只有拥有那些关注天空的人，这个民族才有希望。如果一个民族只是关心眼下脚下的事情，这个民族是没有未来的。"马克思主义是关注人类自由与解放的理论，是胸怀世界、关注人类的理论，青年人志存高远，奋发有为，应该学会用马克思主义理论武装自己，胸怀世界，关注人类。

正是基于以上几点考虑，我们编写了这套《马克思主义简明读本》系列丛书，以便更全面地展示马克思主义理论基础知识。希望青年朋友们通过学习，能够切实收到成效。

韩喜平

2013年8月

目　录

引　言

　　一个国家的"转弯"是不容易的，尤其是一个人口众多的国家在极短时间内实现180度的大"转弯"，就更不容易了。这个"不容易的转弯"却在中国已经历史性地实现了。实现这一壮举的开篇号角是《解放思想，实事求是，团结一致向前看》，本书就是对这一历史讲话的解读。

　　《解放思想，实事求是，团结一致向前看》，是邓小平在1978年召开的中央工作会议闭幕会上的讲话。这个时期，中国刚刚粉碎"四人帮"，结束"文化大革命"。但接下来中国应该向何处去，这个重大的时代问题摆在了中国共产党人面前。1978年的这次中央工作会议就是在这个背景下召开的，会上对一系列相关重大问题都进行了广泛讨论。在会议闭幕时，邓小平发表了《解放思想，实事求是，团结一致向前看》的讲话。这个讲话是对这次中央工作会议思想的一个总结，而后，这篇讲话又事实上成为具有重大转折意义的十一届三中全会的主题报告。十一届三中全会正是在这个主题的指导下，作出了工作重心转移的重大决策，从而开启了中国改革开放的序幕，实现了中国历史的大转折，开创了我国社会主义事业发展的新时期。可以说，这篇讲话吹响了中国历史大转折决策的号角。本书结合当时国家发展态势、国际形势和时代发展趋势，以及中国社会思潮走向，来解读这一"讲话"出台的深刻的历史背景。

《解放思想，实事求是，团结一致向前看》这一讲话具有重大的历史意义和现实意义，并不是由于言辞的恰当、态度的诚切，而是因为当时举国上下已经出现了改变过往的呼声，已经出现了对新道路的探索。比如，很多文艺作品已经开始反思"左"倾给生活带来的种种磨难，很多农村地区已经开始结合各地特色来探索适合自己的生产模式，还有很多高级干部被纷纷派往西欧、东欧、东亚等地实地学习考察。这时候，我们是依然继续"两个凡是"的禁锢，还是解放思想，实事求是，向前看？如果我们还是按照"两个凡是"指导实践，就是落后于实践，落后于群众。《解放思想，实事求是，团结一致向前看》正是继承我党实事求是的优良传统，尊重实践，尊重群众，对这种路线问题给予了回答。本书结合当时中国社会的政策和思想实际，结合中国共产党人在这一时期对中国命运的思考，结合邓小平在这一时期对中国问题的思考和谈话，从而梳理这一"讲话"形成的思想积累过程。

《解放思想，实事求是，团结一致向前看》的内容要点包括：解放思想是当前一个重大的政治问题；民主是解放思想的必要条件；处理好历史遗留问题，是为了顺利实现全党工作重心的转变，是为了向前看；全党要善于学习，要研究新问题。本书对这一讲话的具体内容和思想内涵进行了解读。

在回顾历史的基础上，本书还依托当今中国现代化建设的理论与实践，阐述《解放思想，实事求是，团结一致向前看》对我们今天的启示意义。在新的国际国内形势下和新的历史起点上，我们党担负着团结带领人民全面建成小康社会、推进社会主义现代化、实现中华民族伟大复兴的重任。虽然我们的党经过90多年的发展，已经逐步成熟，但我们也要时刻坚持解放思想、实事求是，这是这一讲话对我们最大的启示。而且，在每个重大历史关头，解放思想都是一个政治问题。因为在这个时候，通常会有两种或几种不同的选择摆在我们面前。如何选择，将决定着国家未来的道路如何走，将决定着民族未来的历史如何书写。所以在这个特殊的时候，只有解放思想，实事求是，按照正确的思想路线，才能作出正确的选择，带领国家走上正确的道路。

第一章 "讲话"出台前的社会形势

1949年3月的春天，毛泽东离开西柏坡进发北京，他风趣地比喻此行为是"进京赶考"。事实上，这次"赶考"可不是靠单纯的词赋文章就可以书就，也不是靠单纯的个人意气风发、锤炼性情就可以完成，而是需要整个政党的成功转型。这种转型就是从领导人民为夺取政权而奋斗的党，转变为领导人民掌握政权建设国家的党。

对于这样的转变，首要问题就是新时期党的中心工作应该怎样调整。对此，从中共七届二中全会到中共八大，中国共产党还是有着比较清醒的认识的。如毛泽东在中共七届二中全会报告中指出："从我们接管城市的第一天起，我们的眼睛就要向着这个城市的生产事业的恢复和发展。务须避免盲目地乱抓乱碰，把中心任务忘记了。"一直到中共八大，中国共产党都牢记这个中心任务。中共八大关于政治报告的决议中指出："我们国内的主要矛盾，已经是人民对于经济文化迅速发展的需要同当前经济文化不能满足人民需要的状况之间的矛盾。"可是没过多久，到中共八届三中全会，这种认识就变了。

第一节　行至十字路口

一、"文化大革命"的道路

上述认识发生变化的最初动因，说起来有些遥远，是在千里之外的东欧。

1956年东欧社会主义国家发生了群众走上街头"抗议"当局的"波匈事件"。其中，匈牙利最为激烈。东欧虽然距离中国遥远，但同为社会主义国家，还是对中国产生了一些影响。中国一些地方也出现了"闹事"的情况。虽然没有像东欧那样，但中共还是很警醒。于是，中共决定采取自我反省、自我审查的方式应对这种形势，即从1957年开始进行党的整风运动。不料，有人却利用对党提意见的整风机会，大肆攻击党和社会主义制度，这样的论调一出现，性质就不一样了。于是，中共调整方式，转而开展反右派斗争。中共在这个时候开展反右派斗争，应该是可以理解的，试想那个时候，新中国成立才七年，对资本主义的社会主义改造也不过才完成一年，我们绝对可以说还处于幼小时期，这时也必然会把维护政权和制度的生存放到第一位，一旦这方面遭到攻击和威胁，是一定要采取应对措施的。所以，反右斗争开始了。

正是在这种国际国内的背景下，党的认识发生了变化。1957年八届三中全会认为，无产阶级和资产阶级的矛盾、社会主义道路和资本主义道路的矛盾是当前我国社会的主要矛盾。之后随着国际国内形势的发展，这一认识又进一步推进了。国内方面，经历了"大跃进"和人民公社运动；国际方面，发生了中共和苏共"老大哥"之间的论战。于是，反右斗争进一步加强了。1962年八届十中全会提出：阶级斗争必须年年讲、月月讲。1965年毛泽东在《农村社会主义教育运动中目前提出的一些问题》中提出："抓住阶级斗争这个纲，抓住社会主义和资本主义两条道路斗争这个纲。"在这种形势下，持续十年的"文化大革命"发生了，可以说，"文化大革命"是"以阶级斗争为纲"理论最全面、最彻底的社会实践。

从1966到1976的十年里，意识形态领域的批判运动成为国家生活的主题，而之前指明的经济建设道路，则变成一条暗线，若隐若现，二者同时行进在中国的大地上。

二、以经济建设为中心的道路

"文化大革命"使党、国家和人民遭到了新中国成立以来最严重的挫折和损失，但我们党没有被摧毁，并且还能维持统一。党内有不少同志对中国社会主要矛盾和党的中心任务仍坚持着"八大"的思路，但这些认识和主张，只能以对抗或妥协的方式表达、落实。下面介绍几位不同类型的代表人物。

张闻天，中国共产党早期的重要领导人。其名字"闻天"取《诗经》中"鹤鸣于九皋，声闻于天"之意。张闻天虽然做过短期党的总负责人（相当于总书记），但他更愿意钻研理论，也更擅长于钻研理论，这也许是正应了"声闻于天"的意蕴。早在20世纪50年代他就提出利用市场、利用资本主义的想法，这在当时是一个大胆、独特的见解，充分表现了他在理论上思想解放的巨大勇气。张闻天根据"八大"提出的政治路线，明确指出：发展生产力，提高人民生活水平，是社会主义建设中的首要任务；当我国社会的基本矛盾发生变化之后，建设和巩固社会主义，是当前压倒一切的任务。甚至在"文化大革命"期间，张闻天还写了题为《无产阶级专政下的政治和经济》的文稿。文稿集中论述了党的政治路线如何为经济建设服务的问题。他谈到，共产党领导的无产阶级专政，应该提高全社会的劳动生产率，迅速建立起现代化的社会主义工农业、交通运输业、国防工业和现代化的科学技术，切实提高人民群众的物质文化水平，创造可靠的强大的物质基础；在无产阶级专政下，在没有战争的情况下，党的政治路线究竟正确与否，正确的程度如何，无产阶级的政权究竟巩固与否，巩固的程度如何，最后都要由社会主义经济建设的成就和成就的大小来衡量。为此，张闻天提出："党要熟悉经济工作，学会做经济工作；经济工作有其特殊性，它不能像政治军事工作那样迅速达到目的；组织大规模的经济建设，是社会主义革命中最重要最困难的任务。因而，必须下决心钻研经济工作，不仅要有满腔热情，还要有踏实的工作作风和科学的工作态度。"张闻天还指出应该正确处理好政治和经济、精神和物质、生产力和生产关系之间的辩证关系。遗憾的是，张闻天在"文化大革命"期间遭到迫害。而且，没有等到"文化大革命"的结束，在1976年7月1日，张闻天就在江苏无锡病逝。

　　周恩来在"文化大革命"期间，为保证国民经济的正常运行，与林彪、江青反革命集团及当时党内的"左"的错误进行了长期艰难的斗争。在1966年中央讨论《中共中央关于无产阶级"文化大革命"的决定》（简称《十六条》）时，周恩来等同志提出"不要把运动和生产对立起来"等主张。1971年"林彪事件"后，周恩来主持中央日常工作。他提出要批判"左"倾思潮的意见，加快了落实干部政策和知识分子政策的进程，使一批被打倒的党政军领导干部重新走上领导岗位。针对被破坏的经济，周恩来指示国务院提出整顿企业的措施，恢复被破坏的各种规章制度。这一时期，周恩来还积极推动开展对外贸易和经济技术交流的工作，打破了经济贸易领域被封锁的局面。于是，我国利用引进的设备，通过国内自力更生的生产和设备改造，兴建了几十个大型工业项目。这些项目取得了较好的经济效益，对我国经济建设的发展起到了重要的促进作用。在农村，广大干部群众开展了治山造田、治河修渠的农田水利基本建设运动，取得了一系列重要成就，使我国的粮食生产和农业总产值基本保持了稳定增长。在科学教育工作中，周恩来要求把基础科学和理论研究抓起来，并提议召开全国科技工作会议。经过调整和整顿，国家各方面工作都有了明显起色。

1973年，周恩来病重，被下放到江西的邓小平回到北京。邓小平受命于危难之际，更大刀阔斧地开始了整顿工作。他强调四个现代化建设是大局，提出要全面整顿，整顿以铁路为突破口，使堵塞严重的铁路全部疏通，运输状况开始好转。接着，他开始整顿钢铁工业，邓小平强调：把钢铁生产搞上去，最重要的问题是要建立一个坚强的领导班子，坚决同派性作斗争，认真落实政策，建立必要的规章制度。中国科学院和国防科技工作、文艺战线和教育战线也开始了整顿，军队各大单位的领导班子也相应进行了调整。邓小平还提出：整顿的核心是党的整顿，主要整顿各级领导班子。在加快落实干部政策的同时，邓小平对强行搞突击入党、突击提干的造反派，区别不同情况分别作出处理。邓小平还领导起草了《关于加快工业发展的若干问题》、《关于科技工作的几个问题》等文件，提出加快工业、科技发展的一系列措施。邓小平主持的全面整顿工作，事实上有限度地开始了拨乱反正，是"文化大革命"中党的正确领导与"四人帮"

的一场重大斗争。毛泽东支持邓小平在主持党和国家的日常工作上的主张，但他希望邓小平在肯定"文化大革命"的前提下进行工作。于是，一段时间后，邓小平逐步被免去各种职务。邓小平的这种状态，一直持续到1976年粉碎"四人帮"。

陈云，一生都从事着与经济、财务、"算账"有关的工作。他在初小毕业后，到江苏青浦县乙种商业学校学习珠算和记账。新中国成立后，陈云担任国家财经方面的领导。1949任政务院副总理兼财政经济委员会主任，1956年11月兼任商业部部长，1958年10月兼任国家基本建设委员会主任，1962年再任中共中央财经小组组长，与刘少奇、周恩来、邓小平等同志一起，对恢复当时遭遇严重困难的国民经济做出了重大贡献。"文化大革命"中除保留中共中央委员的名义外，陈云被解除在中共中央和国务院的一切领导职务。陈云的经济主张，多与财务、"算账"有关，他曾多次强调说："我们要打大的算盘，要有全局的和长远的观点，要像旧商人中'头戴瓜皮帽、手拿水烟袋'的人那样，拿出一定时间'踱方步'，考虑考虑战略性问题。"1973年，陈云协助周恩来抓外贸工作，他提出要恢复外贸金融研究机构，认真研究西方资本主义经济资料，并亲自拟定了了解世界经济状况的10个重要问题。根据他的这一思想和周恩来的多次指示，中国人民银行进行了调查研究，积极开展了筹措外汇和利用外资的工作。利用国际货币动荡时机，陈云又向李先念建议，适时购进600吨黄金，从而增加了我国的黄金储备。陈云还大胆地指出，要善于利用资本主义国家的商品交易所和期货市场。他说："对于商品交易所，我们应该研究它、利用它，而不能只是消极回避。"根据这一思想，外贸部门在购买国内需要的物资时，灵活运用期货手段，积极参与国外交易市场活动。陈云不仅具有财经业务的领导眼光和领导才学，还在很多重大历史关头，表现出了一位革命者的过人胆识。正是陈云，在后来的中央工作会议上，向"两个凡是"开了第一炮，推动了拨乱反正工作的开展和全党工作重心的大转移。

李先念，是中共高层中为数不多的"三朝元老"之一。李先念经历了三代领导人的交替与变更，新中国成立后连续五届担任中共中央政治局委员。李先念出身贫寒，从一个普通的士兵逐步发展为一名将军。李先念经常是临危受命，独当一面。李先念没有攻读经济理论，却成功地从军事领域转向经济领域，而且"很快精通"、"管理得非常好"。这其中很重要的原因之一，就是他非常善于从实际中学习，并向别人学习。李先念生前曾几次对别人讲："自己军事上是从徐向前同志那里学来的，经济上陈云同志是我的老师，外交上是周总理直接指导的，而毛泽东则是我一辈子的导师。""文化大革命"初期，李先念针对有人攻击外贸工作"崇洋媚外"，认为出口商品提价是"帮助外国商人剥削各国人民"的谬论，严厉批评说："这么说的人硬是想要我们吃大亏，外国资本家赚大钱。"在他和周恩来的部署下，外贸工作逐渐推进。后来，李先念协助邓小平处理国务院日常事务，他全力支持邓小平同江青集团作斗争，推进了全国整顿工作的开展。可以说，李先念在十分困难的情况下，为保持党和国家的稳定作出了极大努力。他还是参与粉碎"四人帮"的主要领导者，为结束"文化大革命"做出了重大的贡献。

正是有周恩来、李先念、陈云、邓小平等众多党员干部，与广大工人、农民、解放军指战员、知识分子、知识青年一起，同"左"倾错误作斗争，使"文化大革命"对国民经济的破坏受到了一定程度的限制，取得了进展。如粮食生产保持了比较稳定的增长；工业交通、基本建设和科学技术方面取得了一批重要成就，其中包括一些新铁路和南京长江大桥的建成，一些技术先进的大型企业的投产，氢弹试验和人造卫星发射回收的成功，籼型杂交水稻的育成和推广，等等。

三、依然徘徊犹豫的十一大

我们的人生走了一段路，常会遇到十字路口。在这个十字路口，我们要抉择究竟走哪条路人生才会更好。那么，这个抉择将成为我们人生发展的拐点，从此我们的人生将走上一条新的道路。国家的发展也会遇到这样的十字路口，也要抉择走哪条路更好。那么，这个抉择就成为国家发展的拐点，从此国家将走上一条新的道路。中国在1976年后，也来到了这样一个十字路口，要面临道路的抉择。

1976年10月，以华国锋、叶剑英、汪东兴、李先念等为代表的党中央，采取断然措施，取得粉碎江青反革命集团的胜利，从危难中挽救了党，使我们国家进入了新的历史发展时期。从这时开始到十一届三中全会之前的两年中，广大干部和群众以极大的热情投入到各项建设工作。在这个过程中，揭发、批判江青反革命集团的罪行，清查他们的反革命帮派体系，也取得了很大成绩。同时，党和国家组织的整顿，冤假错案的平反，也部分地开始进行；工农业生产得到恢复；教育科学文化工作也开始走向正常化。在这种情况下，党内外同志越来越强烈地要求纠正"文化大革命"的错误。

然而，就在这个时候，两种立场出现了：一种是"两个凡是"。坚持"两个凡是"的是毛泽东的接班人和政治遗产继承者华国锋等。在1977年2月7日《人民日报》《红旗》杂志和《解放军报》在题为《学好文件抓住纲》的社论中，公开提出"两个凡是"方针，即：凡是毛主席作出的决策，我们都要坚决维护；凡是毛主席的指示，我们都始终不渝地遵循。

另一种是实事求是。邓小平在谈话中明确指出，"两个凡是"不行，这不是马克思主义，不是毛泽东思想。之后他还致信党中央，信中提到："我们必须世世代代地用准确的完整的毛泽东思想来指导我们全党、全军和全国人民。""准确的完整的毛泽东思想"的提法实质是对"两个凡是"的抵制。1977年7月在中共十届三次全体会议上，邓小平讲话指出：要对毛泽东思想的体系有一个完整的准确的认识；要善于学习、掌握和运用毛泽东思想的体系来指导我们各项工作，只有这样才不至于割裂、歪曲毛泽东思想，损害毛泽东思想；不能够只从个别词句来理解毛泽东思想，而必须从毛泽东思想的整个体系去获得正确的认识；毛主席倡导的群众路线和实事求是是最根本的。邓小平的这种思路为人们从"左"倾教条主义和个人崇拜的禁锢中解放出来、恢复党的优良传统，竖起了一面实事求是的旗帜。后来，关于真理标准问题的大讨论，直接与"两个凡是"方针展开了理论交锋。

在两种声音都存在的形势下，全国人民对召开新一届党的代表大会充满期待，期待新一届党的代表大会引领中国走上新的发展道路。就是在这种满心期待中，1977年8月12日中共十一大在北京隆重开幕。来自全国各行各业、各部门的代表共计1510名出席了大会，他们代表着全党3500多万名共产党员参加了这次会议。然而，万众瞩目的十一大却依然犹豫在两种态度之间。

一方面，十一大政治报告中宣布"文化大革命"已经结束，提出要调动一切积极因素，团结一切力量，为建设社会主义现代化强国而奋斗，并指出这是中国共产党在新时期的根本任务。这种提法是很鼓舞人心的。而且，在人事组织上，也有众多德高望重的老帅和老将军进入领导名单。

但另一方面，在十一大政治报告中却没有指出纠正"文化大革命"的错误，反而依据"两个凡是"立场，赞扬"文化大革命"对于巩固无产阶级、防止资本主义复辟、建设社会主义是完全必要的、非常及时的，称"文化大革命"必将作为无产阶级专政史上的伟大创举载入史册。报告在论述"抓纲治国"的八项任务时，仍强调"以阶级斗争为纲"。报告还把"无产阶级专政下继续革命的理论"说成是"当代马克思主义最重要的成果"。

这次大会比"文化大革命"期间召开的十大有所进步，在揭批"四人帮"和动员全党建设社会主义现代化强国方面起到了积极作用。但是，这次大会没有能够纠正"文化大革命"的错误理论、政策和口号，反而对其加以肯定。事实上，十一大面临的抉择是思想路线问题，是实事求是的路线，还是"两个凡是"的路线。这其实关涉的是未来中国究竟要走什么道路的问题。这种大是大非的立场问题，这种对党和国家未来命运产生重大影响的问题，注定不可能一蹴而就，而要经过深入、直接、面对面的对阵交锋才能最终完成。

第二节　对阵命运拐点

一、文教领域：忽然一夜清香发

1976年10月粉碎"四人帮"后，紧接着11月就召开宣传工作会议，揭批"四人帮"的宣传理论。但是，会议明确要求只批右不批"左"。这等于是先给文教领域设了一个"两个凡是"的框框。但是，这一年的岁末寒冬将尽，春天渐渐来临，伴着万物的自然生发，各项工作的正常化恢复，"帽子"似乎就要被摘掉了。

1977年8月，邓小平主持召开科学和教育工作座谈会，会上决定恢复高考，这对于广大知识青年来说，犹如一夜春风。当时，从20世纪50年代到70年代末上山下乡的知识青年总数约1200万至1800万之间，而1978年当年报考人数就为570万。半年后，报考人数为610万。可以看出当时大家的参与热情之高。这里边还有一个小插曲，就是当时中国居然拿不出足够的纸张来印高考试卷，后来是调用了印刷《毛泽东选集》第五卷的纸张。这从一个侧面说明，当时中国各项事业都百废待兴。话说回来，当年，很多"老三届"参加了高考，他们当中的很多人后来成为我们国家各行各业的骨干力量。所以说，恢复高考不仅改变了整整一代人的命运，更改变了中国社会的命运。当然，那场考试更是直接改变和推动了中国的教育改革和教育发展，促进了文教领域拨乱反正工作的开始。

1977年11月《人民日报》发表《教育战线的一场大论战——批判"四人帮"炮制的"两个估计"》一文，掀起了批判"四人帮"炮制的"文艺黑线专政论"的热潮。人民日报社还邀请文艺界部分同志座谈，参加座谈会的有140多人，夏衍、茅盾、周扬、林默涵等在座谈会上发言。1978年1月，北京图书馆开放了一批"文化大革命"时期的禁书；文化部召开揭批"四人帮"的万人大会，为受迫害的文艺工作者平反；中宣部召开中国文联第三届全国委员会第三次扩大会议，宣布中国文联和五个协会正式恢复工作，为文艺领域拨乱反正的深入开展确立了组织保证；全国科学大会、全国教育工作会议相继召开；具体落实知识分子政策在具体推进；全国文联第三届委员会在北京举行第三次扩大会议，宣布文联、作协、音协、剧协、影协、舞协正式恢复工作。

此时，一批文艺作品也发出了新的声音，如短篇小说《班主任》、《哥德巴赫猜想》等。

小说《班主任》节选（1977年夏）

在这1977年的春天，尹老师感到心里一片灿烂的阳光。他对教育战线，对自己的学校、所教的课程和班级，都充满了闪动着光晕的憧憬。他觉得一切不合理的事物都应该而且能够迅速得到改进。他认为"四人帮"既已揪出，扫荡"四人帮"在教育战线的流毒，形成理想的境界应当不需要太多的时间。不过，最近这些天他有点沉不住气。他愿意一切都如春江放舟般顺利，不曾想却仍要面临一些复杂的问题。

关于宋宝琦即将"驾到"的消息一入他的耳中，他就忍不住热血沸腾。张老师刚一迈进办公室，他便把满腔的"不理解"朝老战友发泄出来。他劈面责问张老师："你为什么答应下来？眼下，全年级面临的形势是要狠抓教学质量，你弄个小流氓来，陷到作他个别工作的泥坑里去，哪还有精力抓教学质量？闹不好，还弄个'一粒耗子屎坏掉一锅粥'！你呀你，也不冷静地想想，就答应下来，真让人没法理解……"

办公室的其他老师，有的赞同尹老师的观点，却不赞同他那生硬的态度；有的不赞成他的观点，却又觉得他的确是出于一片好心；有的一时还拿不准道理上该怎么看，只是为张老师凭空添了这么副重担子，滋生了同情与担忧……因此，虽然都或坐或站地望着张老师，却一时都没有说话。就连搁放在存物架上的生理卫生课教具——耳朵模型，仿佛也特意把自己拉成了一尺半长，在专注地等待着张老师作答。

张老师觉得尹老师的意见未免偏激。但并不认为尹老师的话毫无道理。他静静地考虑了一分钟，便答辩似的说："现在，既没有道理把宋宝琦退回给公安局，也没有必要让他回原学校上学。我既然是个班主任老师，那么，他来了，我就开展工作吧……"

这真是几句淡而无味的话。倘若张老师咄咄逼人地反驳尹老师，也许会引起一场火爆的争论，而他竟出乎意料地这样作答，尹老师仿佛反被慑服了。别的老师也挺感动，有的还不禁低首自问："要是把宋宝琦分到我的班上，我会怎么想呢？"

张老师的确必须立即开展工作，因为，就在这时，他班上的团支部书记谢惠敏找他来了。

这小段叙述中，有粉碎"四人帮"这个历史背景的直接交代，有那个时期遗留问题——"罪犯学生"，也有那个时期人的心态和腔调。当然，也有张老师的宽容、平和、自然。宽容、平和、自然这些要素是那个时期曾经丢失的，也是战胜狭隘、冷漠、激烈、做作的武器。不，不是战胜，而是抚平。这种抚平更在通篇悠悠的讲述方式中流淌出来了。此作品也成为思想解放和艺术民主的第一次文学尝试，划开了"文化大革命"文学与新时期文学的界限，在当代文学史上具有里程碑的意义。

报告文学《哥德巴赫猜想》节选（1977年9月）

"九一三"事件之后，大野心家已经演完了他的角色，下场遗臭万年去了。陈景润听到这个传达之后，吃惊得说不出话来。这时，情况渐渐地好转。可是他却越加成了惊弓之鸟。

激烈的阶级斗争使他无所适从。唯一的心灵安慰从来就是数学。他只好到数论的大高原上去隐居起来。现在也允许他这样做，继续向数学求爱了。图书馆研究员出身的管理员也是他的热情支持者。事实证明，热情的支持者，人数众多。他们对他好，保护他。他被藏在一个小书库的深深的角落里看书。由于这些研究员的坚持，数学研究所继续订购世界各国的文献资料。这样几年，也没有中断过；这是有功劳的。他阅读，他演算，他思考，情绪逐步地振作起来，但是健康状况却越加严重了。他从不说；他也不顾。他又投身于工作。白天在图书馆的小书库一角，夜晚在煤油灯底下，他又在攀登，攀登，攀登了，他要找寻一条一步也不错的最近的登山之途，又是最好走的路程。

报告文学《哥德巴赫猜想》引起了热烈反响！喜欢文学的和平时不太关心文学的，都找来一遍又一遍阅读。陈景润几乎家喻户晓，天天都有大量读者来信飞往中科院数学所。这篇报告文学的作者徐迟，也每天收到大量来自全国各地的读者来信，他非常激动，后来他说自己也似乎从长久以来的冬蛰中苏醒过来。

这两篇文学作品只是一个缩影，当时的杂文、电影、相声、漫画等都涌现了新作品。可以说，作品中体现的尊重科学、尊重事实、尊重生活、尊重人性的风潮，事实上已经形成了与"两个凡是"教条主义无声的对立。好似忽然一夜清香发，只待散作乾坤万里春。

二、思想战线：真理、标准针锋对

艺术的感性先声，呼唤着更理性的、更明确的、更直接的表达跟进。因为只有这样，才能使得思想的变革不只停留在艺术层面，而是广泛影响整个社会。这个起点是一篇《实践是检验真理的唯一标准》的文章。《实践是检验真理的唯一标准》是1977年10月由南京大学哲学系教师胡福明所写。

1977年，胡耀邦时任中央党校副校长，主导创建了中央党校内部刊物《理论动态》。在关于"文化大革命"以来党史问题的研究方面，胡耀邦提出让大家解放思想，突破禁区，大胆研究，他提出两条原则：一个是完整、准确地运用毛泽东思想的问题，一个是实践是检验真理的标准问题。1978年5月10日中央党校内部刊物《理论动态》发表了经胡耀邦最后审定的具有历史意义的《实践是检验真理的唯一标准》。1978年5月11日《光明日报》以特约评论员的名义刊登了此文，当天新华社转发，次日《人民日报》和《解放军报》同时予以转载。接着，全国绝大多数省、市、自治区的报纸也陆续予以转载。由此，点燃了全国范围关于真理标准问题大讨论的热潮。

《实践是检验真理的唯一标准》摘选

怎样区别真理与谬误呢？一八四五年，马克思就提出了检验真理的标准问题："人的思维是否具有客观的真理性，这并不是一个理论的问题，而是一个实践的问题。人应该在实践中证明自己思维的真理性，即自己思维的现实性和力量，亦即自己思维的此岸性。关于离开实践的思维是否具有现实性的争论，是一个纯粹经院哲学的问题。"这就非常清楚地告诉我们，一个理论，是否正确反映了客观实际，是不是真理，只能靠社会实践来检验。这是马克思主义认识论的一个基本原理。

实践不仅是检验真理的标准，而且是唯一的标准。毛主席说："真理只有一个，而究竟谁发现了真理，不依靠主观的夸张，而依靠客观的实践。只有千百万人民的革命实践，才是检验真理的尺度。"（《新民主主义论》）"真理的标准只能是社会的实践。"（《实践论》）这里说："只能"、"才是"，就是说，标准只有一个，没有第二个。这是因为，辩证唯物主义所说的真理是客观真理，是人的思想对于客观世界及其规律的正确反映。因此，作为检验真理的标准，就不能到主观领域内去寻找，不能到理论领域内去寻找，思想、理论自身不能成为检验自身是否符合客观实际的标准，正如在法律上原告是否属实，不能依他自己的起诉为标准一样。作为检验真理的标准，必须具有把人的思想和客观世界联系起来的特性，否则就无法检验。人的社会实践是改造客观世界的活动，是主观见之于客观的东西。实践具有把思想和客观实际联系起来的特性。因此，正是实践，也只有实践，才能够完成检验真理的任务。科学史上的无数事实，充分地说明了这个问题。

......

检验路线之正确与否，情形也是这样。马克思主义政党在制订自己的路线时，当然要从现实的阶级关系和阶级斗争的情况出发，依据革命理论的指导并且加以论证。毛泽东思想是马克思列宁主义普遍真理与革命具体实践相结合的产物。毛主席的革命路线与"左"、右倾机会主义路线进行了长期的斗争。在一个时期内，毛主席的革命路线没有占主导地位。长期的革命斗争，成功的经验和失败的教训，从正反两个方面证明毛主席的革命路线是正确的，而"左"、右倾机会主义路线是错误的。标准是什么呢？只有一个：就是千百万人民的社会实践。

……

客观世界是不断发展的，实践是不断发展的。新事物新问题层出不穷，这就需要在马克思主义一般原理指导下研究新事物、新问题，不断作出新的概括，把理论推向前进。这些新的理论概括是否正确由什么来检验呢？只能用实践来检验。

……

社会主义对于我们来说，有许多地方还是未被认识的必然王国。我们要完成这个伟大的任务，面临着许多新的问题，需要我们去认识，去研究，躺在马列主义毛泽东思想的现成条文上，甚至拿现成的公式去限制、宰割、裁剪无限丰富的飞速发展的革命实践，这种态度是错误的。我们要有共产党人的责任心和胆略，勇于研究生动的实际生活，研究现实的确切事实，研究新的实践中提出的新问题。只有这样，才是对待马克思主义的正确态度，才能够逐步地由必然王国向自由王国前进，顺利地进行新的伟大的长征。

现在读来，这篇文章所说的道理不难理解。但在"毛主席说的话就是真理"的时代，这篇文章算是一颗炸弹。所以，"两个凡是"派对这篇文章进行了攻击和阻挠。华国锋等人对《实践是检验真理的唯一标准》一文提出了责难，并指示党中央理论刊物《红旗》杂志"不要表态"，企图把关于真理标准问题的讨论压制下去。但关于真理标准问题的讨论，却没有就此停止，而是从中央到地方，从报刊到校园，在全国范围内开始展开。

1978年6月2日，邓小平在讲话中强调：实事求是，一切从实际出发，理论和实际相结合，这是毛泽东思想的出发点和根本点，是做好一切工作必须遵循的原则，并再次批评了"两个凡是"的错误观点。6月24日《解放军报》以特约评论员名义发表了《马克思主义的一个最基本的原则》一文，进一步阐述真理标准问题。9月李先念在国务院务虚会上指出："实践是检验真理的标准是正确的，这是我们一向坚持的观点；我们要解放思想，振奋大无畏的革命精神。"对于这场讨论，军队各总部和各大军区也表态，对实践是检验真理的唯一标准表示拥护。各省、市、自治区党委也纷纷对真理标准问题进行了热烈讨论。届时，真理标准讨论已不是一个学术观点问题，而成为一个重大政治原则问题，一场思想解放运动终成燎原之势。

1978年11月10日，中央工作会议召开，真理标准问题也成为这次会议讨论的话题。这标志着真理标准问题大讨论已经上升到中央全会层面，是到了与"两个凡是"最终对决的时刻了。在这次会议上，与会者以实践为标准，讨论了"文化大革命"及此前被定论的一些重大问题，讨论了一些领导人的功过是非，这本身就是对"两个凡是"的抛弃。在最后一次会议上，华国锋在讲话中承认了"两个凡是"的错误。汪东兴（从1947年开始担任毛泽东的警卫，从1968年起担任中共中央办公厅主任兼中央警卫局党委第一书记，并兼总参谋部警卫局局长，对领导人的起居、出行负责，是毛泽东晚年最信任的人之一，坚持"两个凡是"主张）也做了书面检讨。邓小平发表了重要讲话《解放思想，实事求是，团结一致向前看》，即本书探讨的"主角"。在这篇讲话中他明确指出：真理标准问题讨论，是个思想路线问题，是个政治问题，是个关系到党和国家的前途和命运的问题。在随后召开的十一届三中全会上，更是对真理标准问题的讨论作了高度评价。这标志着这场沸沸扬扬的大讨论以"实践是检验真理的唯一标准"获得最后胜利。

需要说明的是，关于"真理的检验标准"问题，关涉着科学理论的检验结构和检验逻辑等，是一个复杂的问题，我们不能简单化地理解。只是，在以"两个凡是"作为检验真理标准的形势下，我们尤其需要重点强调"实践是检验真理的唯一标准"。

三、政治组织：36天博弈见分晓

从粉碎"四人帮"以来，是坚持实事求是，还是坚持"两个凡是"，到1978年底基本已经清晰了，只是还需要一种政治上、组织上的认定。这个任务是通过中央工作会议推进的，最终在十一届三中全会上宣告历史的抉择。

1978年11月10日，农历十月初十，中共中央工作会议按计划在北京召开。参加会议的有各省、市、自治区和各大军区负责人等共212人，华国锋主持开幕式。会议的议题是：进一步贯彻以农业为基础的方针，尽快把农业生产搞上去；讨论1979年和1980年的国民经济计划安排；讨论李先念在国务院务虚会上的讲话。这一切都没有什么特别，会议开始的第一天，也还是按照会议的原定议题在进行，直到会议开始分组讨论，陈云在东北组发言时提出了爆炸性的问题，这个会议开始变得有些不一样了。大家纷纷就陈云提出的话题进行讨论，进而导致下面的会议进程没法进行了。

那么，陈云提出了什么问题，会让这个会议改变了进程呢？陈云提出了六个问题：第一，薄一波等"六十一人叛徒案"，他们出"反省院"是中央决定的，不是叛徒；第二，1937年和1940年中央组织部相继作出决定，就是从"反省院"出来履行过出狱手续但后来继续干革命的同志，经审查可以恢复党籍，这些同志不是叛徒，应该恢复党籍；第三，陶铸、王鹤寿等同志现在或者被定为叛徒，或者留着一个"尾巴"，应重新复查；第四，彭德怀同志对党的贡献很大，他的骨灰应该放到八宝山革命公墓；第五，中央应当肯定"天安门事件"；第六，康生的错误很严重，应当给予批评。

陈云的发言，被称为是六颗"重磅炸弹"，因为对这些问题的态度，要涉及这些问题在当年是如何被定案的，涉及"文化大革命"的路线问题。陈云发言后，万里、王首道、康克清等积极支持，要求迅速解决这六个问题；胡耀邦发言要求把"文化大革命"中遗留的大是大非问题搞清楚；萧克发言要求为"二月逆流"平反；杨得志提出要为武汉"七·二〇"事件彻底平反；陈丕显提出，上海"一月风暴"的问题要搞清楚；胡乔木就"少宣传个人，不搞新的个人崇拜"也提出了建议。这些在党内享有很高声望的老革命家，接二连三地发言，都指向了已经定论的党的历史问题。虽然下面的议程是讨论农业问题，但大多数人还继续围绕陈云提出的这六个问题进行讨论。

正在这次会议召开期间，1978年11月14日经中共中央政治局常委会批准，由北京市委出面为"天安门事件"平反。第二天《人民日报》发表了《实事求是，有错必纠》的社论。紧跟着，对"南京事件"宣布平反；对吴晗的新编历史剧《海瑞罢官》也宣布平反。在这种形势下，华国锋代表政治局宣布了九条决定：第一，"天安门事件"完全是革命的群众运动，应该为"天安门事件"公开彻底平反；第二，承认"批邓反击右倾翻案风是错误的"，撤销有关"批邓"的全部中央文件；第三，为"二月逆流"平反；第四，为薄一波等61人平反；第五，彭德怀的骨灰放到八宝山革命公墓；第六，为陶铸平反；第七，为杨尚昆平反；第八，对康生、谢富治进行揭发批判；第九，"文化大革命"中的一些地方性重大事件，由各地实事求是妥善处理。之后，胡乔木在东北组发言，希望华国锋在会议结束时讲一讲实践是检验真理的唯一标准问题，算是对会议做个结论。代表们也纷纷提出，大会暂不要讨论经济问题，应该先讨论思想路线问题。就在这个过程中，出现了指名道姓批评个人的问题。这就使得讨论的话题转到了人事方面。这时，邓小平表达了自己的态度："对中央的人事问题，任何人都不能下，只能上。对那几个同志要批评，但不能动，实际上不止他们几个。对那些大家有意见的人，过关算了。检讨没有全过关的，我们过去也没过关嘛。历史问题只能搞粗，不能搞细。一搞细就要延长时间，这就不利。算我一个请求，要以大局为重，道理在你们，在群众。但现在有个大局问题，国内需要一个安定团结的局面。"

至此，关于重大历史遗留问题、关于真理标准问题、关于"两个凡是"路线、关于对坚持"两个凡是"的人的政治态度等重大问题基本都讨论到了。于是，1978年12月13日中央工作会议举行最后一次全体大会。在最后会议上，华国锋讲话中承认了"两个凡是"的错误，还讲了集体领导问题。希望今后各地区各单位向中央作请示报告的时候，文件的抬头不要写华主席、党中央，只写党中央就可以了。中央党政军机关向下行文，也希望照此办理，也不要提英明领袖，称同志好。对华国锋的讲话，与会者基本上是满意的。对于他主动承担"两个凡是"的责任，会议的亲历者于光远认为，这对于一个在党内担任最高领导职务的人，能够做到是不容易的。当然，在最后会议上受关注的是邓小平的《解放思想，实事求是，团结一致向前看》讲话。邓小平指出，解放思想是当前一个重大的政治问题；民主是解放思想的必要条件；处理历史遗留问题是为了顺利实现全党工作重心的转变，是为了向前看；要善于学习，要研究新问题。这个讲话，实际上是即将召开的十一届三中全会的基本指导思想。参会者在会议结束后仍没有离去，而是针对这个讲话又讨论学习了两天。至此，这次为期36天的中央工作会议落下了帷幕。

这次会议改变原来的议程，变成了一次为全局性拨乱反正作准备的会议。这就为随后召开的十一届三中全会一系列重大决策的出台做了准备。

这一部分，我们重点回顾的是《解放思想，实事求是，团结一致向前看》这篇讲话出台的历史背景，即"文化大革命"已经结束，新的思想已经开始出现，但我们党和国家的大政方针、思想路线还停留在过去，还不明朗、不确切。在了解这个历史背景下，我们才能更好地理解为什么《解放思想，实事求是，团结一致向前看》中要说到对历史问题的处理，为什么重点强调的是解放思想，为什么在当时民主对于解放思想来说有那么重要，等等。只有在了解了这个历史背景的基础上，我们才能理解社会发展的大趋势，从而我们才能理解为什么这篇讲话会成为十一届三中全会的主题报告，成为中国伟大历史转折的号角。

第二章 "讲话"出台前的思想积累

《解放思想，实事求是，团结一致向前看》这篇讲话，之所以能在这个时刻，以讲话的形式呈现在世人面前，主要因为许多重大问题在先前已经得到了全面的讨论，这篇讲话是在共识基础上水到渠成的结果。而先前的会议之所以能出现一呼百应的局面，不仅在于陈云的勇敢发声、当时领导者的民主风范，而且也在于更先前举国上下就已经出现了改变过往的呼声，已经出现了对新道路的探索。可以说，在这个号角吹响前，音符已徐徐开始跳动。

第一节 从国内到国外

在《邓小平领导下的中国》一书中，是这样评说邓小平的：他是（20世纪）20年代以来唯一到国外广泛旅行过的中央领导人，他有在民主自由法国的几年生活经历。1949年以后他经常到国外去旅行，尤其是在产生灾难性后果的"文化大革命"期间。这样，邓小平像周恩来一样，比其他人更早了解有关别国现代发展和生活水平的情况。这种独特的经历也对他的改革政策和把重点放在实现四个现代化方面起到了作用。

但中国的改革开放方针的出台，只靠一个人的想法是不够的。事实上，在粉碎"四人帮"之后，老一辈领导人陆续走访日本、新加坡、西欧等地，一大批干部也被陆续派出国门考察学习。于是，一个人的想法逐渐变成更多人的想法，渐渐地就形成共识了。

一、批判"洋奴哲学"、"爬行主义"

"洋奴哲学"、"爬行主义"，意为与自力更生对立。也就是说，如果倡导利用外国尤其资本主义的有利条件发展社会主义，那就是洋奴，那样的社会主义就是乞怜来的。这种思想尤其对外贸工作的影响更大。当然，对"洋奴哲学"、"爬行主义"的抵制，一直没有停止。

1973年陈云辅助周恩来做外贸工作。他在一次谈话中指出："和资本主义打交道是大势已定。过去我们的对外贸易是75%面向苏联和东欧国家，25%面向资本主义国家。现在改变为75%对资本主义国家，25%对苏联、东欧。这个趋势是不是定了？我看是定了。因此，我们对资本主义要很好地研究。不研究资本主义，我们就要吃亏，不研究资本主义，就不要想在世界市场中占领我们应占的地位。"1977年在"文化大革命"结束以后召开的第一次中央工作会议上，李先念就指出："为了加快社会主义建设，必须破除'四人帮'对所谓'洋奴哲学'的批判，大胆引进一些新技术和新设备，进口一些我们短缺的原材料。"

邓小平则更是多次谈到这个话题。在一次会见日本客人时说："毛主席提出的自力更生的指示被'四人帮'歪曲了，他们把引进世界上一些先进成果都谴责为'洋奴哲学'，这是最蠢的。一切先进成果都是全人类共同努力的结果，就是资产阶级也懂得这个起码的常识，世界上先进的东西它都引进。你们日本就是这样。自力更生，要先靠自己的努力，靠自己的资源，但绝不能排除世界上一切先进的成果。"邓小平在会见德意志联邦共和国新闻代表团时也说到："我们过去有一段时间，向先进国家学习先进的科学技术被叫作'崇洋媚外'。现在大家明白了，这是一种蠢话。"在与英籍华人作家韩素音谈话时，邓小平又说到了这一点："世界上最先进的成果都要学习，引进来作为基础，不管那些'洋奴哲学'的帽子。我们实行'拿来主义'。搞建设，单有雄心壮志不够，没有具体政策、具体措施，就像氢气球一样，一吹就破了。"在东北视察时他说到："要好好向世界先进经验学习，不然老是跟在人家后面爬行。我们不在技术上前进，不要说超过，赶都赶不上去，那才真正是爬行主义。"

当然，在批判"洋奴哲学"、"爬行主义"的同时，我们也注重处理自力更生与学习西方的关系。比如注重在学习国外科学技术的同时，注重从中国实际走我国自己发展科学技术的道路。而走我国自己发展科学技术的道路，绝不能关起门来，而是要掌握世界先进技术，这比关起门来样样靠自己从头摸索要快了不知多少倍。这就辩证地处理了独立自主、自力更生和学习西方的关系问题。

二、打开国门从引进设备开始

打开国门是从引进设备开始的。然而，引进设备的开始在于要解决当时简单而根本的穿衣吃饭问题。

1971年，还在"文化大革命"时期，动乱影响了生产秩序，加之当年棉花歉收，产量比1970年减产7.6%。由此导致纺织原料短缺，出现了棉布供应持续紧张的局面。要解决这个问题，有两个出路可以琢磨。第一个出路是增加棉花种植面积。当时，在总耕地面积一定的情况下，增加棉花种植面积，就必然争夺粮食的种植面积。争夺粮食的种植面积，自然就会引起吃饭问题，吃饭问题可是比棉花问题重要啊，动不得。第二个出路是改变我国纺织工业长期以来以天然纤维作原料的情况，代之以化学纤维。但当时，我国缺乏成套化纤设备。于是，从外国进口化纤成套设备就成了一个要考虑的问题。同时，中国的化肥生产也存在长期跟不上农业发展需要的情况，产量也有较大缺口，也需要进口化肥设备。由此，进口化纤设备、化肥设备成为改善人民生活和促进工农业发展的关键之举，甚至成为一种紧迫之举。

1972年初，国家计委《关于进口成套化纤、化肥技术设备的报告》立即获批。随后，周恩来等人以化纤、化肥设备进口为突破口，将引进规模进一步扩大。冶金部申请进口国内钢铁工业长期以来亟需的大型钢板冷轧机、热轧机，得到批准。1972年底，国家计委再次提出《关于进口成套化工设备的请示报告》，得到批准。这年，国家计委还成立了专门的进口技术设备领导小组，负责审查进口设备和综合平衡及长期计划衔接工作。1973年的"四三方案"可以算是这时期引进工作的高潮。这年1月5日国家计委向国务院提交了《关于增加设备进口、扩大经济交流的请示报告》。这是一份总体方案，因为计划引进技术项目26个，共需资金43亿美元，所以被称为"四三方案"。

三、走出国门从学习考察开始

这一时期，有关部委相继派出一些考察小组，到国外考察、检查进口事宜。但是，这一时期的出国人员以技术、业务人员为主。当然，在极"左"倾思想的束缚下，这些出国技术人员甚至受到了监视，回国后还要被迫写批判"崇洋媚外"的"消毒"检查。粉碎"四人帮"后，这种情况得到了改变。随着引进计划的增多，具体决策和落实需要更多部门的合作沟通。于是，国家计委向中央打了报告，"让干部出去看看，落实引进规划"。就是这个报告获批后，大批干部被派出国考察。由此，1978年中国出现了一股强劲的干部"出国潮"。

1978年春，中央派出四路考察团：以林乎加为团长的中国赴日经济代表团，考察战后日本的经验；以李一氓为团长，于光远、乔石为副团长的中共中央代表团走访南斯拉夫；以段云为组长的国家计委、外贸部组成的港澳经济贸易考察团，对香港、澳门进行实地调研；副总理谷牧则带着经济团访问了法国、瑞士、比利时、丹麦、德国等欧洲五国。谷牧带队的西欧五国考察团，是新中国成立后首次向发达资本主义国家的派出国家级政府经济代表团。

在当时的中国，除了少数搞外交和外贸的干部外，大多数干部都是第一次出国。但这第一次，就来得非常迅猛。据统计，仅从1978年1月至11月底，经香港出国和去港考察的人员就达529批，共3213人，其中专程去港考察的有112批，共824人。副总理和副委员长以上的领导人有12位先后20次出访，访问的国家达51个。这样频繁的出访在新中国的历史上是罕见的，对中国后来的影响也是巨大的。当然，对外国的冲击也不小，日本名古屋市某厂接待中国考察团达92个批次之多。由此，也引来世界对中国的关注。

在中央考察团中，最受关注的是向发达资本主义国家派出的代表团。重点考察了这些发达国家工农业和科技的现代化水平、经济发展较快的原因、他们组织管理社会化大生产的经验。除会谈以外，还安排较多时间参观工厂、农场、城市建设、港口码头、市场、学校、科研单位、居民点等。可以看出，考察团的行程安排得非常紧密，考察内容涉猎也非常丰富，考察团的收获也是巨大的。中央非常重视这些考察成果，在1978年6月1日、6月3日、6月30日，中央政治局三次开会，专门听取出国考察报告。关于西欧五国行的考察汇报从下午开始一直到夜里，近8个小时。

这些汇报后来形成了简报。《战后日本、西德、法国经济是怎样迅速发展起来的？》简报认为这些国家高速发展主要得益于：得到美国的大力援助；资本积累快，投资水平高；科学技术发展迅速，劳动生产率大大提高；对外贸易迅速增长，为经济高速增长创造了有利条件；国家通过财政金融政策对经济的干预大大加强。

《香港、新加坡、南韩、台湾的经济是怎样迅速发展起来的？》简报认为这些国家经济高迅速发展的主要原因是：以加工出口贸易为主导，带动整个经济的发展；高积累，不断扩大固定资本投资；吸收外国过剩资本和跨国公司的直接投资；加强经济管理机构，大力推广企业管理经验；高度重视教育。

《罗马尼亚、南斯拉夫的经济为什么能够高速发展？》简报认为这些国家发展起来的原因主要是由于：利用本国资源发展具有本国特点的工业，都初步走出了自己的发展道路；实行高积累的政策，有力保证了各项改革措施的推进；大量引进外国的先进技术和设备，而且引进形式多样，做法比较灵活（如吸收贷款、直接吸收外资建立合股公司、外国承包建设项目、购买技术专利、聘请外国专家等）；充分调动积极性，用经济手段管理经济，大力发展教育事业，培养各种人才；强调稳定的政治局势是经济发展的先决条件。

四、带回来关于发展的反思和信心

干部们通过考察，开阔了视野，了解了国外发展的历史和现实，由此增强了对自己国家发展的反思。第二次世界大战后，西欧资本主义国家经济出现过一段大发展时期，其现代化水平已经达到了很高程度。工农业生产、交通运输、通信手段，广泛采用电子技术。这对于还停留在传统工农业生产阶段的中国人来说，这些都是新鲜玩意儿。这种新奇和感叹，在各个出国考察团的报告中，以及当事人自己的记录中，都非常明显地充斥着。这种好奇和感叹的主观感受，再加上与中国实际发展状况的横向比较，就真切地促使他们加深了自我反思。鲜明的对比，不只在一个国家、一个领域，而是在与很多国家、各个领域的比较中都普遍存在的。由此，所有出国考察的干部几乎都认可这一点，那就是：中国与发达国家的差距太大了。

干部们通过考察，还加深了对资本主义的认识，进而也加深了对社会主义的认识。早年邓小平曾尖锐地提出："怎样才能体现社会主义的优越性，什么叫优越性？不劳动、不读书叫优越性吗？人民生活水平不是改善而是后退叫优越性吗？如果这叫社会主义优越性，这样的社会主义我们也可以不要。"在1978年3月10日国务院第一次全体会议上，邓小平又说到了这个问题："什么叫社会主义？它比资本主义好在哪里？好多人饭都不够吃，28年只搞了2300万吨钢，能叫社会主义优越性吗？"这次出国考察，着实让中国人看到了资本主义国家"被剥削阶级"的生活水平和精神面貌。如日本全国平均每两户有一辆汽车，95%以上的人家有电视机、电冰箱、洗衣机。相比社会主义中国，别说汽车、电视机、电冰箱、洗衣机，甚至自行车、手表、缝纫机还是当时大多数家庭所追求的梦想。而更为沉重的是，在中国农村，还有2亿人没解决温饱问题。这种资本主义和社会主义的对比，自然引发人们对于资本主义，更主要是对社会主义认识的反思：社会主义绝不能够再像"文化大革命"那样搞下去了，中国再也不能像"文化大革命"那样折腾下去了。

干部们通过考察，没有因为国外发展的高水平而气馁，相反，正由于看到许多国家和地区的现代化是在短期内实现的，更增强了信心。比如西德、丹麦以及东亚"四小龙"都只用了15年到20年的时间就发展起来了。而且，20世纪60年代末期和70年代初期世界格局发生了很大变化：一方面，西方资本主义国家面临着一场大规模的经济危机，商品积压，工人失业，市场萧条，需要开辟新的市场。另一方面，原来的社会主义阵营也四分五裂，原有的社会主义和资本主义两大阵营的对峙实际上已经不存在，代之而起的是发达国家和发展中国家之间的经济贸易往来日益增多。这种国际形势是我们可以利用的。

干部们通过考察，发现许多国际上通行的做法，我国也可以借鉴采用。比如港澳经济贸易考察团建议把靠近香港和澳门的宝安和珠海划为出口基地，力争三五年里建设成为对外生产基地、加工基地和吸引港澳客人的旅游区。这种建议成为后来兴建经济特区的思想雏形。再如罗马尼亚、南斯拉夫和我们一样同是社会主义国家，所以他们的一些好的做法我们可以直接借鉴过来。还有资本主义的一些具体做法，卖方信贷（即延期付款）、买方信贷（买东西时贷款付账，以后还贷）和补偿贸易（用外方提供的设备、技术组织生产，用产品补偿）等，也可以借鉴来，缓解我们外汇支付能力不足的问题。当然，也包括吸收外国投资或进行中外合作生产等。有的甚至对一些国外做法进行了实践尝试。如借鉴南斯拉夫的农工商联合企业，在国内搞起了农工商联合体，在全国26个省、区的36个农垦单位试点，等等。

1978年这场大规模、高规格的出国大潮，毫不夸张地说，某种程度上改变了中国干部的集体认识。这种认识自然转化为对国内变革的希望，希望中国大政方针尽快调整，加快国家发展的步伐。

经过我们对这段时期中国与"国外"互动的梳理，你就可以非常容易地领会，为什么《解放思想，实事求是，团结一致向前看》中反复提到向外国学习先进的东西。事实上，这种思想不是从天上掉下来的，也不是人的头脑中固有的，而是经过实践探索，经过实践总结和提炼，才逐步形成的。

第二节　从南方到北方

1978年的中国广大普通民众，对于真理标准与"两个凡是"的交锋，未必全都熟知；对于那次重要的"36天"中央工作会议，也很难全面了解。至于从外国引进设备、出国考察，更是觉得离自己生活很遥远。但是，所有中国人却都面临着时代变革的催促，每个人都以自己的方式参与了这场变革。也许，这种参与完全是从自我生活角度出发的，但适应了时代和社会发展趋势，则就具有了历史意义。正如有人所说：改革是由一批有远见的领导人、精英人物、"弄潮儿"和广大人民群众结合起来共同作用的结果，这种相互结合和共同作用，是与社会历史和经济发展规律相一致的。

一、南方先行"试点"

这个时期，在中国大江南北，普遍流传的是工业学大庆、农业学大寨、全国学解放军。

大寨是山西省昔阳县大寨公社的一个大队，位于山西东部太行山区，自然条件恶劣、土地贫瘠。从1953年开始，在大寨支部书记陈永贵的带领下，从山下担土到石山上造田，在山顶上开辟蓄水池，用五年的时间将大沟变良田。在全国大灾和严重困难的年景下，大寨创造了丰收的奇迹，这种自力更生、艰苦奋斗的精神成为我国农业战线的光辉榜样。于是，全国掀起农业学大寨的运动。但是，在全国学大寨的运动中，却出现了"左"的做法，即"穷过渡"、"堵资本主义道路"、"割资本主义尾巴"等，由于这种"左"的做法，使得有的地方的农业生产反倒受到了影响。

于是，有的地方开始探索适合自己特色的农业发展模式。尤其在1978年全国遭到旱灾，很多地方歉收，人们的生活更为困难。当面临严重生存和发展难题时，探索自然也就开始了。在1978年，中国农村人口为8.032亿，全国有4000万户农民的粮食只能吃半年，还有几百万户农家断粮。有的靠政府救济，有的靠借粮，有的干脆外出讨饭度日。尤其，安徽省发生特大干旱，为近200年来所罕见。全省塘坝和水库干涸，大片农田开裂，淮河基本断流，长江出现汛期最低水位，全省70多个县（市）先后受旱。全省秋季作物受灾4075万亩，成灾3017万亩，比1977年减收粮食183.7万吨。在这种情况下，安徽省委在1977年11月就发布了一份体现"农村一切工作要以生产为中心"的文件。之后，全省农村或公开、或暗地、或自发、或有组织地搞起了各种不同形式的生产责任制。比如有"包产到组、超奖减赔"的方法，后来有地方创造了"包干"，即坚持耕地等基本生产资料的公有制，以家庭经营为基础，以联产承包为核心，采取"保证国家的，留够集体的，剩下都是自己的"分配方式。这种"包干"，一开始是"包干到组"，因为"组"还是属于一个集体的，保持着公有制的特点。后来凤阳县小岗村率先突破了这一形式，把"包干到组"发展为"包干到户"，这里的户，就是个人，这就意味着与"公"性质不同的"私"。所以，这种"试点"是秘密的。这样，我们就可以理解那一次小岗村农民"包产到户"的协议为什么是秘密的了。协议书的内容是：收下粮食后，首先交给国家，保证国家的，留足集体的，剩下都是自己的；如果队干部因为分田到户而蹲班房，他家的农活由全队社员包下来，还要把小孩养到18岁。这纸协议，其实不应该叫协议，更类似一种保证书、约定书。

1978年2月《人民日报》以《一份省委文件的诞生》为题，报道了安徽省落实农村经济政策的经验。后来，《人民日报》又报道了四川省落实农村经济政策的经验。贵州、甘肃、内蒙古、河南等一些穷困生产队也实行了这种生产责任制。可以说，这时"责任制"的观念和经验已经在很多地方落实了。这样，你就可以理解《解放思想，实事求是，团结一致向前看》中为什么那么多次提到责任制。还是那句话：这种思想，不是从天上掉下来的，也不是人的头脑中固有的，而是经过实践探索，经过实践总结和提炼，才逐步形成的。当然，在当时对于农村"包产到组"这种"责任制"也是有批评声音的。不过，与全国其他领域一样，农村极左思想已经出现慢慢淡化的倾向。

二、北方谈话"点火"

我们知道邓小平有著名的"南方谈话"。1992年初，邓小平先后到武昌、深圳、珠海、上海等地视察，并发表了一系列重要谈话。谈话重申了深化改革、加速发展的必要性和重要性，在一系列重大的理论和实践问题上，提出了新思路，推进了中国特色社会主义建设进程。与"南方谈话"对应的，历史上还有一个"北方谈话"。这两次谈话有个共同特点，都是针对人们思想中普遍存在的疑虑，都是对历史转折前夕的思考。

1978年9月，身为中共中央副主席的邓小平从朝鲜访问回国。在东北各城市及天津、河北唐山等地视察时，发表了著名的"北方谈话"。"北方谈话"内容十分丰富，涉及党的思想路线、政治路线和社会主义建设的方方面面。

要改变对社会主义的认识。邓小平指出：按照历史唯物主义的观点来讲，正确的政治领导的成果，归根结底要表现在社会生产力的发展上，人民物质文化生活的改善上。如果在一个很长的历史时期内，社会主义国家生产力发展的速度比资本主义国家慢，还谈什么优越性？我们要想一想，我们给人民究竟做了多少事情呢？社会主义要表现出它的优越性，哪能像现在这样，搞了二十多年还这么穷，那要社会主义干什么？我们一定要根据现在的有利条件加速发展生产力，使人民的物质生活好一些，使人民的文化生活、精神面貌好一些。

要转移工作重点。在听取沈阳军区汇报时，邓小平有针对性地指出，对搞运动，你们可以研究，什么叫"底"？远没有彻底的事。通过运动主要是把班子搞好，有半年的时间就可以了。运动不能搞得时间过长，过长就厌倦了。有的单位，搞得差不多了，就可以结束。这样的态度在各地都有。这就等于是在指出"搞运动"应该适当，而应该转移工作重点。

要进行经济体制改革。邓小平不仅明确提出了党的工作重点转移问题，还提出具体经济体制要改革的问题。这方面是"北方谈话"中涉及内容最多的部分。9月16日在长春他指出：要开动脑筋，敢于思考怎样使生产增加，产品质量提高，成本降低，原材料消耗少，产品价格不断降低。要搞好民主管理，建立企业的考核制度等。谈到企业管理问题时，他指出：过去是苏联那一套，没有跳出那个圈子。那时候，苏联企业管理水平比资本主义国家落后得多，后来我们学了那个东西，有了那个东西比没有好。但现在连那个落后的东西也丢掉了，一片混乱。不管大中小企业，搞得好的要奖励，不能搞平均主义，要鼓励先进。

政治体制需要重新考虑。邓小平指出：总的说来，我们的体制不适应现代化，上层建筑不适应新要求。邓小平在听取黑龙江省委汇报时说：从总的状况来说，我们国家的体制，包括机构体制等，基本上是从苏联来的，是一种落后的东西，人浮于事，机构重叠，官僚主义发展。"文化大革命"以前就这样。办一件事，人多了，转圈子。要解决上层建筑不适应新的要求的问题，首先是解决体制问题。体制问题不解决不行。有好多体制问题要重新考虑。体制改革得比较适应，行动比较快，有效率了，剩下的就是技术水平、管理水平问题。他在沈阳说到：鞍钢改造以后，必须是按照经济规律来管理。市政府是不是要考虑变成为它服务。现在我们的上层建筑非改不行。

实现四个现代化"关起门来不行"。邓小平在谈话中指出：现在就是要好好向世界先进经验学习，不然老是跟在人家后面爬行。要到发达国家去看看，过去我们对国外的好多事情不知道，应当看看人家是怎样搞的。长期把自己锁在本乡本土，不了解外界，不与外界交往，闭关自守，只能把我们国家搞得贫穷落后，愚昧无知。实现四个现代化关起门来不行，要吸收国际先进技术和经营管理经验，吸收他们的资金。

改革性质和思路等问题也在"北方谈话"中有所涉及。对此，邓小平在谈话中指出：一句话，就是要革命，不要改良，不要修修补补。凡这样的工厂，管理要按人家的方法，这个对我们来说叫革命。我们过去是吃大锅饭，鼓励懒汉，包括思想懒汉，管理水平、生活水平都提不高。现在不能搞平均主义。毛主席讲过先让一部分人富裕起来。管理人员好的也应该待遇高一点，鼓励大家想办法。正是在这样的认识基础上，后来提出了"改革是中国的第二次革命"的科学论断，以及一部分人先富起来的改革思路。

对于这次谈话，邓小平自己说是"到处点火"。我们今天来看，这种"点火"，实际上点燃的是人们对过去的反思，点燃的是人们对新时期国家经济建设的热情，这事实上也类似于一种思想解放的动员。正是有了这种先期预热，使得后来改革开放等大政方针的出台，能够很快得到地方、基层的响应。同时，邓小平自己，也正是在这个考察现实、思考现实的过程中逐步坚定、完善着自己对于中国未来发展的设计。

正是在总结这些零散谈话的基础上，才有了《解放思想，实事求是，团结一致向前看》中的许多更明确的提法。

第三节　从地方到中央

一、"四化"建设务虚会

1978年7月上旬，国务院召开有关部委负责干部参加的关于加速"四化"建设的务虚会。这次会议上，外贸部、国家计委、国家建委、国家经委、一机部、建材总局、三机部、五机部、冶金工业部、财政部、地质总局、轻工部、农林部的负责人，先后介绍了情况，发表了意见。中国社会科学院、国务院研究室等负责人也发表了意见，因为是务虚会议，不形成决议。由于这次会议是在拨乱反正形势下召开的，所以有利于放开思路，全面总结国家建设的经验教训，探讨未来国家建设问题。

这次会议开得很热烈，很多话题都能得到与会者的讨论。这次会要求国务院的经济业务机构准备书面发言，发言稿是在单位里研究过的，是集体的作品。这些书面材料一般都很长，不要求在会上宣读，防止沉闷，要求提纲挈领地说一下。然后，可以讲别的。专题讨论基本上是先由各部门谈本部门的情况，然后大家展开讨论。大家畅所欲言，可以提问、插话。比如，在议论搞好引进项目建设工作的问题时，建委宋养初提出引进规模、搞好引进的十条具体意见。华国锋提出要把计委、建委的意见形成文件发下去。李先念建议：各部不要再开大单子，而是要先扎扎实实把现有项目的设计资料等工作做好；研究引进时，要与整个国民经济的发展情况联系起来考虑；今后八年引进的规模多大才比较合适，要认真研究；大家还是要真正有计划按比例地搞，分清主次，万马奔腾不行，会踩死很多人的，一步一个脚印。在姚依林谈农产品价格问题时，这个组准备的稿子是关于降低粮食价格的，可是发言中心却是进口粮食的问题，引起了大家的讨论。

这次会议除了讨论热烈、发言积极外，还有一个特点，就是以国际先进发展水平作为参照，由此，先前出访、出国考察的信息，在会上引起了高度重视。例如，会上对于发展速度成为大家反复探讨的重点。而在探讨过程中，不自觉地参照外国，日本、联邦德国两个战败国为什么能够迅速复兴？瑞士为什么也能跻身于发达国家行列？而且，此次会议重点讨论了引进问题，特别是如何加强技术引进、扩大外贸出口、采取灵活方式利用国外资金等问题，也都体现了参照国外的特点。

这次会议基调是在不放弃自力更生的前提下，扩大开放，以更大的规模、更快的速度来进行现代化建设。这次会议涉及国家经济生活的各个方面。由于是在拨乱反正后召开的，再加上有国际眼光，讨论比较热烈，从而形成了很多讨论意见。由于务虚会议不形成政策，所以之后又经过中央、国务院的多次讨论，逐渐形成了各领域的政策。

李先念最后作了总结发言。他说，要改变经济落后状况，首先要解决思想问题。我们是在一个经济文化落后的国家建设社会主义，小生产的习惯势力本来就多方面地影响着我们的思想和工作。林彪、"四人帮"的干扰破坏，又把马列主义、毛泽东思想本来已解决了的很多根本理论问题搞乱了。对于理论和实践、政治和经济、革命和生产、生产关系和生产力、上层建筑和经济基础的相互关系问题，客观经济规律问题，按劳分配问题，经济核算、经济效果、社会主义利润和劳动人民物质利益问题，企业中的规章制度、生产指挥和劳动纪律问题，至今在许多干部中还存在着大量的模糊观念。李先念还讲了经济管理水平低、技术落后、科学文化水平低的问题。在讲这方面的时候，都提到了国外的水平，应该扩大学习。同时，也提到影响我们落后、水平低的体制存在很多问题，应该改革。由此，有人说这篇讲话是最早有着"改革开放政策"思想轮廓的。

关于改革的思想：我们要改革一切不适应生产力的生产关系，不适应经济基础的上层建筑。适应四个现代化的要求，我们将改革计划体制、财政体制、物资体制、企业管理体制，建立起现代化的经济组织、科研组织、教育组织及有关管理制度。我们现在要进行的这次改革，一定要同时兼顾中央部门、地方和企业的积极性，一定要考虑大企业和大专业公司的经济利益和发展前途，努力用现代化的管理方法来管理现代化的经济。无论中央各部门或是地方各级领导机关，都必须认真注意发挥企业的积极性。

关于对外开放的思想：目前国际形势对我们有利，现在世界上的绝大多数国家都希望我国强大繁荣。欧、美、日等资本主义国家，经济萧条，要找出路。我们应有魄力、有能力利用它们的技术、设备、资金和组织经验，来加快我们的建设。我们决不能错过这个非常难得的时机。自力更生绝不是闭关自守。为了大大加快我们掌握世界先进技术的速度，必须积极从国外引进先进技术设备。

正因为这次会议成果丰富，以及李先念讲话的重要性，所以，在稍后召开的"36天会议"中议程的一项就是讨论李先念在务虚会议上的讲话。

与务虚会差不多同时召开了全国计划会议。这个会议落实了很多务虚会的意见。同时还提出经济工作必须实行三个转变：一是把注意力转到生产斗争和技术革命上来；二是把管理制度和管理方法转到按照经济规律办事的科学管理的轨道上来；三是从闭关自守或半闭关自守状态转到积极引进国外先进技术，利用国外资金，大胆进入国际市场的开放政策上来。

政策层面的东西已经落实了很多，但国家的大政方针、思想路线还是僵固的。《解放思想，实事求是，团结一致向前看》正是对实践的总结和回应，是水到渠成的。但同时，《解放思想，实事求是，团结一致向前看》透射的是国家大政方针、思想路线问题，更是需要勇气和魄力的。

二、中央工作会议

上文提到的重要的"36天的会议"，虽然会议的进程改变了，更多关注了历史遗留问题、抨击了"两个凡是"、回应了真理标准问题的大讨论，但对于具体政策讨论和决议还是完成了。

第一，关于全党工作重点转移问题。华国锋代表中央常委提出从1979年1月起把全党工作着重点转移到社会主义现代化建设上来的问题。

第二，关于发展农业方针问题。会议在讨论中，揭批了农业战线上的一些极"左"错误表现。认为应继续贯彻执行以农业为基础的方针，尽快把农业生产搞上去。会议对《关于加快农业发展速度的决定》和《农村人民公社工作条例（试行草案）》，作了重大修改。会议印发后各组结合文件，对经济工作进行了讨论。

第三，从11月27日开始，各组分别讨论《1979、1980两年经济计划的安排》和李先念在国务院务虚会上的讲话。

关于1979、1980两年国民经济计划的安排，会议总结了新中国成立以来经济建设的经验教训，指出了国民经济中重大比例失调的问题和生产、建设、流通、分配中的混乱现象，必须采取一系列新的措施，纠正急于求成造成的错误倾向，解决好国民经济重大比例失调等问题。许多与会者都赞成改革经济管理体制，实行对外开放政策。会议期间，为了开阔与会者的视野，借鉴有益的经验，经邓颖超建议和李先念同意并报华国锋批准，向与会者印发了《苏联在二三十年代是怎样利用外国资金和技术发展经济的》、《罗马尼亚、南斯拉夫的经济为什么能高速发展》、《战后日本、西德、法国经济是怎样迅速发展起来的》等材料。这些材料提供的经验，扩大了与会者的眼界和思路。

第四，分组讨论情况。陈云在东北组发表了关于当前经济问题的五点意见：（一）在三五年内，每年进口粮食可以达到两千万吨。（二）工业引进项目，要循序而进，不能窝工。要循序而进，不要一拥而上。（三）要给各省市一定数量的真正的机动财力。（四）对于生产和基本建设都不能有材料的缺口。（五）要重视旅游事业的发展。习仲勋在中南组作了长篇发言：说到近10年来，广东农业发展缓慢，农民吃不饱肚子，城市副食品供应紧张。因此，他提出要坚决把农业搞上去。习仲勋最后还谈到加强对港澳的经济联系和调动华侨建设祖国的积极性问题。王震谈了对外开放问题：我在国外参观了一些工厂和科研单位，相比之下，痛感我国经济、技术落后了几十年，群众文化水平也比他们低得多。为了加速建设进程，就要大大使用外国的资金，引进先进技术。

与会者在会上提出很多意见，引起了中央的重视。国务院开始着手对国民经济计划进行修改，着手纠正两年来的急躁冒进、急于求成的倾向。这些建议，为十一届三中全会后提出对国民经济实行"调整、改革、整顿、提高"的八字方针奠定了基础。

这次会议最重要的是，作出了全党工作着重点转移到社会主义现代化建设上来的英明决策，开始了部分平反冤假错案的工作，成功地为十一届三中全会的召开做了思想上和组织上的准备。可以说，《解放思想，实事求是，团结一致向前看》这篇讲话相当于对这一个多月的讨论，进行了方向的归纳、思想的集中、政策的指引。

在方向上，对国家总的发展方向给予了归纳。参加这次党的工作会议的人员，也是参与国家各领域建设和领导工作的人员，他们多是从各自领域、各自角度发表谈话，参与讨论。但在这种多样的讨论声音中，都透射着一种对国家要加快发展、集中力量进行建设的期望。《解放思想，实事求是，团结一致向前看》适时地对这种期望进行了总的概括，确定国家总的发展方向，从而推动了整个国家工作重心的转移。

在思想上，对解放思想实事求是的思想意识进行了及时集中。在这次会议讨论中，无论对于过去的历史问题，对于正在做的各项工作，还是对于将要出现的新问题新情况，大家都积极主张要摆脱思想束缚，放下包袱，开动机器。《解放思想，实事求是，团结一致向前看》适时地集中这种意识，更倡导解放思想实事求是，从而对各条战线、各个领域的开拓进取起到了引领作用。

在政策上，对对内搞活、对外开放的想法和做法，给予了及时的总结和鼓励。比如在《解放思想，实事求是，团结一致向前看》中提到的"责任制""奖励制""先富起来"等，都是已经在实践中被先行探索出来的了，只不过这些实践还是局部的、还是小范围的，现在被总结出来，鼓励全国进行推广探索。

总之，《解放思想，实事求是，团结一致向前看》是对这次会议的总结，同时《解放思想，实事求是，团结一致向前看》还是十一届三中全会的开题。

由此，经过从地方到中央，从讨论到决议，从广泛交流到实地考察，改革开放方针的酝酿基本完成。正所谓：千树万树已着绿，东风吹着便成春。

我们在这一部分梳理了《解放思想，实事求是，团结一致向前看》的思想积累过程，这个梳理是必不可少的。因为，只有经过这样的梳理，你才能理解《解放思想，实事求是，团结一致向前看》中，为什么有些政策的提法是那样的表述，为什么要专门提出研究新情况新问题，为什么要学习和再学习、学什么，等等。从而，你才能更好地走近这篇历史"讲话"。

第三章 "讲话"的作者和内容解析

《解放思想，实事求是，团结一致向前看》，是在"文化大革命"结束以后，中国面临向何处去的重大历史关头，毅然冲破了"两个凡是"的禁锢。这段历史已经逝去，这篇"讲话"已成旧闻，但它是开辟新时期新道路、开创建设有中国特色社会主义新理论的号角。在今天，这种号角依然嘹亮，依然在启示我们。为了更好地理解它的重大意义，我们带领大家去体会文字背后的情境和思想。

第一节 为什么号手是邓小平

1973年4月12日，周恩来在人民大会堂为欢迎柬埔寨国家元首西哈努克亲王，举行了盛大的晚宴。在晚宴上，周恩来安排邓小平以国务院副总理的身份陪同接见，这是邓小平自1967年离开政治舞台以来的首次公开露面。虽然他这次并没有讲话，但这意味着邓小平重新登上了政治舞台。这年秋天，周恩来在陪同加拿大总理特鲁多参观时，向客人介绍邓小平时说，这位将来会成为很重要的领导人。正当外界满心期待，却还没过两年，这位重要人物又隐没了。一直到粉碎"四人帮"之后，1977年邓小平才第三次复出。此时，他身边没有周恩来的陪伴，他也无心关注外界的目光，而是专注于这个国家命运的抉择。

这场国家命运的历史抉择，是整个国家民众共同的作为。那么，领导者为什么是邓小平？

一、是因为邓小平个人

关于邓小平个人，国内外的评论众多。在众多评论中说"邓小平是务实主义者"的评论是最多的，虽然这种务实主义在不同人那里有不同的解读。在理论家那里，邓小平的人生哲学，不是斗争哲学，而是实践哲学。在政治家看来，邓小平为改造中国经济所采取的一切措施都是从实践中提出来的，合理、有效、有益，就是他的标准。邓小平对社会主义的认识同毛泽东相比，是极其现实主义的，他的现实主义比其他任何领导人都更彻底。在老百姓眼里，他们理解邓小平那句"不管白猫、黑猫，抓住耗子就是好猫"的真正意义，他们愿意跟着他"摸着石头过河"。事实上，尊重现实，依托实践，正是实事求是思想路线恢复的基础，也正是解放思想的前提。

邓小平还是个着眼大局、顾全大局的人。邓小平的习惯就是不怎么管具体的事情，总是琢磨大方向。他还就此对其他领导同志说："我们政治局、政治局常委会、书记处的同志，都是管大事的人，考虑任何问题都要着眼于长远，着眼于大局。眼界要非常宽阔，胸襟要非常宽阔，要从大局看问题，放眼世界，放眼未来，也放眼当前，放眼一切方面。"

邓小平的个人能力很强。从1929年领导百色起义、龙州起义创建红七军、红八军开始，到129师政委，再到第二野战军政委，邓小平军事生涯20余年。他参与指挥了许多重大战役，如千里跃进大别山、决战淮海、大战京沪杭、席卷大西南、进军西藏等。邓小平有很好的组织能力，但是他从不在党内、政府和军队内部培养自己的宗派，这一点为党的领导集体所公认。毛泽东曾在七届七中全会上当着70多名中央委员的面评价邓小平："我看邓小平这个人比较公道，他跟我一样，不是没有缺点，但是比较公道。他比较有才干，比较能办事。你说他样样事情都办得好呀？不是，他跟我一样，有许多事情办错了，也有的话说错了；但比较起来，他会办事。他比较周到，比较公道，是个厚道人，使人不那么怕。我今天给他宣传几句。他说他不行，我看行。"1951年毛泽东让民主党派人士梁漱溟去各地看看新中国成立后的变化，梁漱溟到在重庆听邓小平的介绍，认为邓小平治理有方，回京后专门向毛泽东汇报："邓小平精明能干，有才华，有水平，年纪轻轻，深得人心。"毛泽东听完后笑着说："无论是政治还是军事，论文论武，邓小平都是一把好手。"1956年苏共二十大之后，中苏在意识形态领域出现裂痕，并逐步影响到国家关系，邓小平先后七次率领中共代表团去莫斯科同苏共谈判。他顶住压力，据理力争，维护了中国共产党在国际共产主义运动中的尊严和地位，维护了中国人民、中国政府的独立自主。

邓小平有胆识和魄力。如果说毛泽东是一个富有想象力的理想主义者，周恩来是一个脚踏实地的实干家，那么邓小平则是一个富有勇气的改革家。邓小平对于自己的直言不讳似乎总是无所畏惧，他可以很快承认可能有过的错误，提出改正的必要性。邓小平是一个注重理性和稳健的改革家，但又敢于冒险，为他相信正确的东西进行斗争，所以，他走过的是一条狂风暴雨般的人生道路。邓小平的政治生涯十分漫长，而且丰富多彩，他在许多领域扮演了不同的重要角色：革命家、军事指挥家、党的组织领导者，也是政府行政首脑、外交家，但最为重要的还是他第三次复出后，成为伟大的经济改革家。邓小平的个人品质，在"文化大革命"期间被映衬得更突出。正是在这一时期，他经历了人生的三落三起。

第一次是在20世纪30年代初期中央苏区时。邓小平先后担任瑞金县委书记、会昌中心县委书记、江西省委宣传部长。由于以博古为代表的中央临时政府推行"左"倾冒险主义，邓小平、毛泽潭、谢唯俊等人支持以毛泽东为代表的路线，反对"城市中心论"。为此，邓小平遭批斗，并一度被关进监狱。他的会昌中心县委书记和江西省委宣传部长的职务也被撤销，并受到党内最严重警告处分，被打成所谓的"邓、毛、谢、古反党集团"，这是邓小平政治生涯中的第一次严重挫折。直到1935年遵义会议，确立了毛泽东在党和军队的领导地位，这次"落起"才画上了句号。

第二次是在"文化大革命"期间。在"文化大革命"

初期，邓小平作为"刘邓资产阶级司令部"的第二号"走资派"被打倒，全家受到株连，被下放到江西劳动改造。1971年"林彪事件"事件发生后，邓小平两次给毛泽东写信，要求出来工作。1973年邓小平的国务院副总理职务得以恢复，1975年初邓小平又被任命为中共中央副主席、国务院第一副总理、中央军委副主席兼总参谋长，并主持党、政、军的日常工作。

第三次是在1975年至1976年。邓小平的全面整顿，实质是系统纠正"文化大革命"的错误，矛头直指"四人帮"。由此，"四人帮"发动了"批邓、反击右倾翻案风"运动，邓小平被指责为违背了"以阶级斗争为纲"的路线。于是，邓小平再次被打倒。直到1977年7月党的十届三中全会前夕。

《张爱萍人生记录》一书曾记录"文化大革命"期间的一段往事，中央政治局成员曾先后在国防科技和国防工业系统、中央军委三总部两处宣布"张爱萍同志犯有否定'文化大革命'和右倾翻案错误，要接受群众批判"，邓小平都有一句极其简短而相同的话："七机部和国防科委出的问题，责任在我。"为此，书中这样评述：铁腕人物，倒台也有倒台的样子。

正是在这跌宕起伏的岁月里，在这波澜壮阔的革命生涯中，人们看到了他作为党的领导人、国家领导人应有的品质。从而，在国家命运面临转折时，人们不约而同地把期待的目光落到了他的身上。有外国评论说："邓小平是一位伟人，是一位没有引号、没有一点儿讽刺、没有丝毫夸张的伟人。"他在70岁以后，已经充分实现了自我，真正的天才没有暮年，即便是80岁也要承认这一点。

二、是因为邓小平所在的党

历史选择的是邓小平，但历史选择的不是个人，而是邓小平所代表的中国共产党。为什么是中国共产党？

因为这个党是忠于实事求是思想路线的党。邓小平对自己有过一个标签式的评价，他说："国外有些人过去把我看作是改革派，把别人看作是保守派。我是改革派，不错；如果要说坚持四项基本原则是保守派，我又是保守派。所以，比较正确地说，我是实事求是派。"这个标签也是我们党永远保持正确领导的指南。在我们党的历史中，正是因为坚持实事求是的思想路线，才使得党领导中国人民从胜利走向胜利。同时，也正是由于偏离了实事求是的思想路线，从而使得党的领导出现失误。同样，也正是由于重新选择了实事求是的思想路线，中国共产党结束十年浩劫，从危难中挽救了国家；也正是重新选择了实事求是的思想路线，中国共产党带领中国人民开创了现代化建设的新局面。

因为这样的党是忠于人民的党。党的领导不会没有错误，但是党和人民的亲密团结必定能够纠正这种错误。中国共产党的干部，无论是曾被错误地打倒的党干部，或是一直坚持工作和先后恢复工作的党干部，绝大多数是忠于党和人民的。尽管中国经历了"文化大革命"，但中国共产党、人民政权、人民军队和整个社会的性质都没有改变，从而依然焕发着顽强的生命力。

因为这样的党是忠于社会主义的党。忠于社会主义，并不在于书本的社会主义、理想的社会主义，而在于现实的社会主义。20世纪末，在苏联和东欧各国的社会主义崩溃之后，曾经有这样一种看法：俄国十月革命所开创的社会主义时代已经成为过去，按照社会主义原则对社会所进行的不成功的改革试验也结束了，谁也不会再企图重复这种试验了。但中国共产党不仅对自己国家的社会主义未来没有丧失信心，而且对全世界的社会主义未来也没有丧失信心。无论中国的"文化大革命",还是苏联共产主义的失败,都没有破坏掉中国共产党的这种信念。

正因为如此,中国共产党才能不局限于书本、不局限于别国经验、不局限于头脑中的理想,而是追问社会主义的本质,以人民为标准,探索适合中国的社会主义现代化建设道路。

用邓小平自己的话说:"永远不要过分突出我个人;我所做的事,无非反映了中国人民和中国共产党人的愿望;党的十一届三中全会以来的路线,我是出了力的,但不只是我一个人。所以,不能把九年来的成绩都写到我个人的账上,可以写我是集体的一分子;作为一个为共产主义事业和国家的独立、统一、建设、改革事业奋斗了几十年的老党员和老公民,我的生命是属于党、属于国家的。"正如他在第三次复出后自己所说的:"我出来工作,可以有两种态度,一个是做官,一个是做点工作。我想,既然是共产党员,既然当了,就不能够做官,不能够有私心杂念,不能够有别的选择。"

三、是因为历史的呼唤

历史在20世纪70年代后期,持续十年之久的动荡,给党、国家和全国各族人民造成了严重危害。"文化大革命"中全国被立案"审查"的干部达200多万人，中央、国家机关副部长和地方副省长以上的干部，被立案"审查"的约占同级干部总数的75％。在长时期的动荡中，打、砸、抢成风，人民的生命财产安全没有保障。在人人自危的政治压力下和僵化的经济体制中，人们的生产热情低落，科技进步缓慢。中国需要一种改变。所以，不是邓小平，也会有别人，因为这是历史的必然呼唤。

历史在20世纪70年代后期，中国许多优秀的文化典籍遗产遭到惨重破坏，许多知识分子被关进"牛棚"或遭凌辱，有的甚至被迫害致死。从表象上看，"文化大革命"迫害的是知识分子，但影响更深远的却是对价值观的颠覆。在"文化大革命"期间，中国社会中出现了人整人、人斗人、互相出卖、互相揭发、互相批斗的现象。这种现象使当时人与人之间的关系变得很不正常，父母与儿女之间、夫妻之间、兄弟之间，以政见决定关系。有人甚至这样描述："'文化大革命'把中国人从文化上变成了野蛮人。"

历史在20世纪70年代后期，在中国的实验场上，那种试图通过打碎旧世界建设新世界的想法得到了答案，那就是：

旧世界被砸烂了，但是美丽的新世界并未能建立起来。非但没有通过大乱实现大治，反而使国家走上不断革命的道路，进而也没有创建出无产阶级新文化。

所以，不是邓小平，也会有别人，因为这是历史的选择。同时，这也是世界大势使然。世界在20世纪70年代的发展形势，也呼唤不同国家要调整自己的发展方式、参与国际生活、维持世界和平。

世界发展到20世纪70年代后期，世界经济形势较20世纪70年代初期又发生了较大的变化。西方资本主义世界对生产关系进行了一些调整，从而使得资本主义发展获得新的推进，资本主义重新在世界上占据了一定的经济优势。而同时，社会主义国家由于制度僵化等因素，经济发展却出现停滞局面。对于社会主义国家来说，需要适应时代的发展作出积极的调整和探索。

每一次解放思想的主题，都是由时代和实践提出来的。无论谁是这次思想解放的号手，都要适应这样的国际国内形势。邓小平不是唯一的，如果不是邓小平，也会有别人，因为这是历史的呼唤。也许换了别人，时间、地点、风格等可能会有所差异，历史的细节可能由此要重新来过，但中国在这个时期转折的大势是不可避免的。

第二节　为什么重音在解放思想

通观《解放思想，实事求是，团结一致向前看》讲话的全篇，讲的最多的是解放思想。有单独部分专门讲解放思想，也有联系遗留问题、新情况新问题穿插讲解放思想的。这么多内容的一个核心思想是：解放思想是当前的一个重大政治问题。

关于解放思想的整体认识，这里我们只集中分析"当前"，为什么在"当前"时候，解放思想是一个重大政治问题；为什么在"当前"时候，重点强调解放思想。这里所说的"当前"，指的是1978年前后。

一、思想不解放无法实现国家工作重心转移

中国在粉碎"四人帮"后，虽然结束了"文化大革命"，但并没有立刻实现工作重心的转移，而是提出"两个凡是"的方针。"两个凡是"的方针实质就是一种僵化的教条主义思想。在这个时刻，在"当前"如果我们不解放思

想，还是按照以往的道路继续前行，国家建设按照"阶级斗争为纲"，那么，必然还会受到"左"倾的影响，则国家正常建设无法真正推进。从这个意义上说，解放思想，不是一个单纯的思想问题，而是一个涉及国家发展方向、涉及现代化建设成败的重大的政治问题。只有解放思想，才能实现党和国家工作重心的转移，才能使整个国家真正走上现代化建设之路。

这个工作重心的转移，表面上看，只是一个号令的问题。但背后却需要对国家各方面的工作有全面的了解和掌握，对世界发展趋势有准确的把握，对中国未来发展道路有清晰的认识。而所有这一切，需要我们有宏观的视野、长远的眼光、历史的使命，以及足够的勇气和魄力。不经过这样的思想意识的解放，而还是拘泥于当前和自我，那就不可能实现任何转移。《解放思想，实事求是，团结一致向前看》尤其强调这种思想意识。

放眼世界，当时的世界形势与新中国成立时期相比已经发生了重大而深刻的变化。在世界经济方面，一个最新的趋势，就是经济全球化迅速发展。经济全球化的发展主要表现为世界各国经济合作愈趋密切，相互之间的依存度加深，生产、贸易、投资、金融等都出现全球化流动的趋势。在这样的时代，中国作为国际社会的一员，需要积极适应世界经济发展大势，积极参与经济全球化。在世界政治方面，世界发展到20世纪70年代后期，国家之间也逐渐超越意识形态，多从国家利益出发处理对外关系；国际关系特别是大国关系发生重大变化与调整，开始从紧张转向缓和，从对抗转向对话；尽管当时世界上一些地区还战火不断，但真正大规模的世界战争并没有马上到来的迹象。这种大环境，呼唤中国应该积极调整外交政策，为中国现代化建设创造和平的环境。在世界科技方面，第三次、第四次新科技革命及其带来的重大科技发现发明和广泛应用，推动世界范围内生产力、生产方式、生活方式和经济社会发生了前所未有的深刻变化。伴随而来的是，国际产业的两次大转移已经呈现：20世纪50年代至60年代，第三次科技革命发生，美国对国内产业结构进行了重大调整，将钢铁、纺织等传统产业转移到日本和德国，进行海外投资和资本、技术输出。德国、日本通过承接转移产业，大大加快了工业化进程，迅速发展成为世界经济强国。到了20世纪70年代，日本经济快速发展，产业结构不断升级，成为这一时期产业转移的主导国家。日本将劳动密集型加工产业转移到亚洲其他国家。亚洲"四小龙"进而通过劳动密集型加工产业，逐步实现了由进口替代型产业向出口加工产业的过渡，成为新兴的工业化国家和地区。面对这种深刻、快速的变化，需要我们解放思想实事求是，把握国际形势的发展变化，从而抓住机遇发展自己。

正是在更宏观的世界视野中审视中国，我们才能更清楚中国的方向。邓小平这篇讲话中，自始至终贯穿着这种浓郁的紧迫意识，这种紧迫意识很大程度上来自于中国与世界其他国家对比后的感受。比如法制建设，他讲到要研究外国投资法、研究国际法；研究新情况新问题，他说到向外国的先进管理方法学习；建立严格的责任制，也说到引进技术设备、引进项目问题。

再看中国。看自己一定要长远看，而不能只看眼前。邓小平曾说过："中国在历史上对世界有过贡献，但是长期停滞，发展很慢。现在是我们向世界先进国家学习的时候了。"这就是说，不能只看到历史上的中国有多好，而看不到眼前的中国有多不好；也不能一味批判历史，而只看到眼前的功绩。只有放开这样的思想意识，才能看到问题的实质和解决问题的出路。而在20世纪70年代的中国，由于"左"

倾的影响，在当时中国普遍存在"唱功绩"的风潮。所以，对应着就需要我们解放思想，有胆量和勇气去发现问题、承认问题、碰问题。具体来说，在政治体制上，党和国家领导制度中一度存在权力过分集中、党政职能不分、机构层次过多、领导职务终身制等现象；法制建设不完善，法律体系不健全；民主缺少制度化、程序化，家长制、"一言堂"作风严重。对此，邓小平在《解放思想，实事求是，团结一致向前看》讲话中指出：当前要特别注意克服官僚主义。官僚主义是小生产的产物，同社会化的大生产是根本不相容的。要搞四个现代化，把社会主义经济全面地转到大生产的技术基础上来，非克服官僚主义这个祸害不可。现在，我们的经济管理工作，机构臃肿，层次重叠，手续繁杂，效率极低。政治的空谈往往淹没一切。这些都需要我们自己不隐瞒问题，不包庇问题。只有这样，才能解放思想，真正革除弊端。正如邓小平在讲话中指出的："如果现在再不实行改革，我们的现代化事业和社会主义事业就会被葬送。"在经济体制上，当时中国同样存在一些问题，如脱离生产力的实际水平，片面追求生产资料的公有程度和分配领域的"公平"、"公正"；企业缺少自主权，产销脱节，经济利益同经济效果不挂钩；流通体制渠道单一，环节繁杂，等等。只有解放思想，大胆下放，充分发挥国家、地方、企业和劳动者个人方面的积极性，让地方和企业、生产队有更多的经营管理的自主权。有了自主权，才能使每一个工厂和生产队都能够千方百计地发挥主动创造精神，从而提高劳动生产率，推进我们的现代化建设事业。只有思想解放了，我们才能正确地以马列主义、毛泽东思想为指导，解决过去遗留的问题，解决新出现的一系列问题，正确地改革同生产力迅速发展不相适应的生产关系和上层建筑，根据我国的实际情况，确定实现四个现代化的具体道路、方针、方法和措施。

邓小平在《解放思想，实事求是，团结一致向前看》中针对当时的情况指出：思想不解放，思想僵化，很多的怪现象就产生了。思想一僵化，条条、框框就多起来了。比如说，加强党的领导，变成了党去包办一切、干预一切；实行一元化领导，变成了党政不分、以党代政；坚持中央的统一领导，变成了"一切统一口径"。违反中央政策根本原则的"土政策"要反对，但是也有的"土政策"确是从实际出发的，是得到群众拥护的。这些正确政策现在往往也受到指责，因为它"不合统一口径"。思想一僵化，随风倒的现象就多起来了。不讲党性，不讲原则，说话做事看来头、看风向，满以为这样不会犯错误。其实随风倒本身就是一个违反共产党员党性的大错误。独立思考，敢想、敢说、敢做，固然也难免犯错误，但那是错在明处，容易纠正。思想一僵化，不从实际出发的本本主义也就严重起来了。书上没有的，文件上没有的，领导人没有讲过的，就不敢多说一句话，多做一件事，一切照抄照搬照转。把对上级负责和对人民负责对立起来。不打破思想僵化，不大大解放干部和群众的思想，四个现代化就没有希望。

解放思想是我党一直提倡的。毛泽东曾这样说：全世界自古以来，没有任何学问、任何东西是完全的，是在不向前发展的。地球是在发展的，太阳是在发展的，这就是世界。停止了发展就不是世界。对此，毛泽东在后来指出：脑子一固定，就很危险。要教育干部，中央、省、地、县四级干部很重要，包括各个系统，有几十万人。要多想，不要死背经典著作，而要开动脑筋，使思想活泼起来——自然界也总是不断发展的，永远不会停止在一个水平上。因此，人类总得不断地总结经验，有所发现，有所发明，有所创造，有所前进。停止的论点，悲观的论点，无所作为和骄傲自满的论点，都是错误的。

解放思想对于现代化建设，不仅对于1978年的中国具有重要意义，对后来的中国发展同样也具有重要意义。对此，邓小平一直在各种场合、文献、讲话中论述这一点。1980年邓小平在《坚持党的路线，改进工作方法》中指出：我们搞四个现代化，不开动脑筋，不解放思想不行。什么叫解放思想？我们讲解放思想，是指在马克思主义指导下打破习惯势力和主观偏见的束缚，研究新情况，解决新问题——解放思想必须真正解决问题。我们的思想懒汉不少，讲现话、空话的多。真正仔细地研究新情况，解决新问题，切实地想办法使我们的步伐快一些，使生产力发展快一些，使国民收入增加快一些，把领导工作做得更好一些，这样的同志还不多。比如现在很需要人才，对于一些优秀分子为什么不能上来，怎样解决挡路的问题，就非常需要认真想一想，采取有效的措施。我们这些老同志，包括我在内，要是办不好这件事，交不了账就是了。还有些事情，有的地方只会照搬，上面没有指示就不敢动，这能叫解放思想？邓小平在《社会主义首先要发展生产力》中指出：不解放思想不行，甚至于包括什么叫社会主义这个问题也要解放思想。经济长期处于停滞状态总不能叫社会主义。人民生活长期停止在很低的水平总不能叫社会主义。邓小平在《贯彻调整方针，保证安定团结》中指出：解放思想，就是使思想和实际相符合，使主观和客观相符合，就是实事求是。今后，在一切工作中要真正坚持实事求是，就必须继续解放思想。认为解放思想已经到头了，甚至过头了，显然是不对的。邓小平在《解放思想，独立思考》中指出：我们党的十一届三中全会的基本精神是解放思想，独立思考，从自己的实际出发来制定政策。因为在中国建设社会主义这样的事，马克思的本本上找不出来，列宁的本本上也找不出来，每个国家都有自己的情况，各自的经历也不同，所以要独立思考。不但经济问题如此，政治问题也如此。

实践上，解放思想，使我们党冲破"两个凡是"的严重束缚，实现了指导思想上的拨乱反正，开启了改革开放的伟大航程；解放思想，使我们党坚强捍卫中国特色社会主义，创建社会主义市场经济新体制，将改革开放成功推向21世纪；解放思想，使我们党坚持理论创新和实践创新，推动科学发展、促进社会和谐，坚定不移地把改革开放伟大事业继续推向前进。

二、思想不解放无法恢复实事求是的思想路线

《解放思想，实事求是，团结一致向前看》讲话的核心内容是解放思想，但解放思想的目的是重新确立实事求是的思想路线，进行工作重心的转移。

在这篇讲话之前，邓小平就多次讲到解放思想实事求是的问题。无论在中央会议上，在会见外宾时，还是在各地视察都有讲到。这也是对"两个凡是"方针在各个层面的抵制，希望在各个领域重新确立实事求是的思想路线。他讲道：我们说的做的究竟能不能解决问题，问题解决得是不是正确，关键在于我们是否能够理论联系实际，是否善于总结经验，针对客观现实，采取实事求是的态度，一切从实际出发。我们只有这样做了，才有可能正确地或者比较正确地解决问题，而这样地解决问题，究竟是否正确或者完全正确，还需要今后的实践来检验。如果我们不这样做，那我们就一定什么问题也不可能解决，或者不可能正确地解决。我们党有很多同志坚持学习马列主义、毛泽东思想，坚持把马列主义的普遍真理同革命实践相结合的原则，这是很好的，我们一定要继续发扬。但是，我们也有一些同志天天讲毛泽东思

想，却往往忘记、抛弃甚至反对毛泽东的实事求是、一切从实际出发、理论与实践相结合的这样一个马克思主义的根本观点，根本方法。不但如此，有的人还认为谁要是坚持实事求是，从实际出发，理论和实践相结合，谁就是犯了弥天大罪。他们的观点，实质上是主张只要照抄马克思、列宁、毛泽东的原话，照抄照转照搬就行了。要不然，就说这是违反了马列主义、毛泽东思想，违反了中央精神。他们提出的这个问题不是小问题，而是涉及怎么看待马列主义、毛泽东思想的问题。马列主义、毛泽东思想的基本原则，我们任何时候都不能违背，这是毫无疑义的。但是，一定要和实际相结合，要分析研究实际情况，解决实际问题。按照实际情况决定工作方针，这是一切共产党员所必须牢牢记住的最基本的思想方法、工作方法。实事求是，是毛泽东思想的出发点、根本点。这是唯物主义。不然，我们开会就只能讲空话，不能解决任何问题。

实事求是思想路线具有重大意义。我们党是靠实事求是起家和兴旺发展起来的。实事求是作为党的思想路线，是毛泽东思想的精髓和灵魂，是我们党的基本思想方法、工作方法和领导方法，是党带领人民不断取得胜利的重要法宝。

只有坚持实事求是，党才能够形成符合客观实际、体现发展规律、顺应人民意愿的正确路线方针政策，党和人民事业才能够不断取得胜利；反之，离开了实事求是，党和人民事业就会受到损失甚至遭受严重挫折。实践反复证明，坚持实事求是，才能兴党兴国；违背实事求是，就会误党误国。"一个党，一个国家，一个民族，如果一切从本本出发，思想僵化，迷信盛行，那它就不能前进，它的生机就停止了，就要亡党亡国。"这是毛泽东在整风运动中反复讲过的。只有解放思想，坚持实事求是，一切从实际出发，理论联系实际，我们的社会主义现代化建设才能顺利进行，我们党的马列主义、毛泽东思想的理论也才能顺利发展。从这个意义上说，关于真理标准问题的争论，的确是个思想路线问题，是个政治问题，是个关系到党和国家的前途和命运的问题。实事求是，是无产阶级世界观的基础，是马克思主义的思想基础。过去我们搞革命所取得的一切胜利，是靠实事求是；现在我们要实现四个现代化，同样要靠实事求是。不但中央、省委、地委、县委、公社党委，就是一个工厂、一个机关、一个学校、一个商店、一个生产队，也都要实事求是，都要解放思想，开动脑筋想问题、办事情。

"当前"，解放思想对于实事求是具有尤其紧迫的意义。思想解放的外在表现是抢抓机遇、敢争第一、敢为人先，敢于做第一个吃螃蟹的人。然而，解放思想内在的核心则是实事求是，实事求是思想路线，在任何时候都是关系党、国家和民族的重大政治问题。在"当前"，"两个凡是"是完全对实事求是思想路线的偏离。而要破除对这种教条主义的束缚，必须首先解放思想。所以，"当前"重点强调的，不是调查研究对于实事求是的意义，而重点是解放思想对于"两个凡是"的冲破，对于纠正偏离实事求是思想路线的意义。所以，当前必须首先解放思想，破除教条主义，才能恢复实事求是思想路线。也正是从这个意义上说，解放思想是一个重大政治问题。

当然，解放思想本身也离不开实事求是，离开实事求是就不是真正的解放思想，解放思想与实事求是是统一的。解放思想与实事求是辩证统一的，是不可分割的。解放思想，就是使思想和实际相符合，使主观和客观相符合，就是实事求是。真正坚持党的思想路线，就必须坚持解放思想和实事求是的统一。解放思想是实事求是的内在要求和前提。一切从实际出发，理论联系实际，以实践作为检验真理的唯一标准，必然要求我们不断地了解新情况，解决新问题，要求我们抛弃那些传统的观念、教条和模式，勇于开拓和创新，这本身就是解放思想的表现。只有坚持解放思想和实事求是的统一，才是真正坚持马克思主义的思想路线。实事求是是解放思想的目的和归宿。解放思想是建立在实事求是的基础上的。实事求是是马克思主义、毛泽东思想的精髓。只有一切从实际出发，理论联系实际，把马克思主义基本原理与当代中国建设实际紧密结合起来，才是真正的解放思想。总之，实事求是必然要求解放思想，而解放思想又恰恰是实事求是的具体体现。实事求是必须解放思想，解放思想是为了实事求是；只有解放思想才能达到实事求是；只有实事求是才是真正的解放思想。坚持解放思想与实事求是的辩证统一，我们才能既警惕右，又防止"左"，排除各种错误思潮的干扰，开创社会主义建设新局面，不断向前看。

只是，在1978年粉碎"四人帮"以后的那个时期，"两个凡是"这种教条主义是恢复实事求是思想路线的主要障碍，所以，我党在强调实事求是思想路线的同时，更强调解放思想对于实事求是思想路线重新确立的特殊意义。

实事求是思想路线最终在十一届三中全会上重新确立。

1979年邓小平在《思想路线政治路线的实现要靠组织路线来保证》中指出：不解放思想，不实事求是，不从实际出发，理论与实践不相结合，不可能有现在的一套方针、政策，不可能把人民的积极性统统调动起来，也就不可能搞好现代化建设，显示出社会主义制度的优越性，思想路线不是小问题，这是确定政治路线的基础。后来的十一届五中全会把实事求是的思想路线完整表述为：实事求是，一切从实际出发，理论联系实际，坚持实践是检验真理的标准，这就是我们党的思想路线。

江泽民曾指出：中国共产党要想保持先进性，始终走在时代前列，就必须敢于迎接挑战、接受考验，解放思想，实事求是，与时俱进，回答时代提出的新课题。党的十四大报告这样表述：解放思想，实事求是，是建设有中国特色社会主义理论的精髓，是保证我们党永葆蓬勃生机的法宝。党的十五大报告、十六大报告进一步指出：邓小平理论坚持解放思想、实事求是，在新的实践基础上继承前人又突破陈规，开拓了马克思主义的新境界。实事求是是马克思列宁主义的精髓，是毛泽东思想的精髓，也是邓小平理论的精髓。坚持党的思想路线，解放思想、实事求是、与时俱进，是我们党坚持先进性和增强创造力的决定性因素。胡锦涛曾指出：解放思想，是党的思想路线的本质要求，是我们应对前进道路上各种新情况新问题、不断开创事业新局面的一大法宝，必须坚定不移地加以坚持。党的十七大报告这样表述：坚持解放思想、实事求是、与时俱进，勇于变革、勇于创新，永不僵化、永不停滞，不为任何风险所惧，不被任何干扰所惑，使中国特色社会主义道路越走越宽广，让当代中国马克思主义放射出更加灿烂的真理光芒。党的十八大报告这样表述：解放思想、实事求是、与时俱进、求真务实，是科学发展观最鲜明的精神实质。实践发展永无止境，认识真理永无止境，理论创新永无止境。

《解放思想，实事求是，团结一致向前看》在这一部分中，提到了关于真理标准问题、关于毛泽东思想问题、关于解放思想问题、关于思想路线问题。后来在1979年《思想路线政治路线的实现要靠组织路线来保证》中邓小平对这几方面有过一个联系性的论述：就全国范围来说，就大的方面来说，通过实践是检验真理唯一标准和"两个凡是"的争论，已经比较明确地解决了我们的思想路线问题，重新恢复和发展了毛泽东倡导的实事求是、理论联系实际、一切从实际出发的思想路线。这是很重要的。关于真理标准问题，《光明日报》登了一篇文章，一下子引起那么大的反应，说是"砍旗"，这倒进一步引起我的兴趣和注意。最早是林彪搞乱了我们党的思想路线，他搞了那个语录本，把毛泽东思想庸俗化，搞得支离破碎，而不是让人们准确地完整地学习和运用毛泽东思想来思考问题、提出问题、解决问题。我是不赞成"两个凡是"的。"两个凡是"不是马列主义、毛泽东思想。因此，我提出要准确地完整地学习和运用毛泽东思想，以后又解释什么是准确地完整地学习和运用毛泽东思想。对于实践是检验真理的唯一标准的论点，开始的时候反对的人不少，但全国绝大多数干部群众还是逐步接受了的。这个争论还没有完，海军现在考虑补课，这很重要。真理标准问题的讨论是基本建设，不解决思想路线问题，不解放思想，正确的政治路线就制定不出来，制定了也贯彻不下去。我们的政治路线就是搞社会主义现代化建设。"四人帮"提出宁要穷的社会主义，不要富的资本主义，社会主义如果老是穷的，它就站不住。

我们在国际阶级斗争中要坚持马克思主义，坚持社会主义，就要表现出马克思主义的思想优越于其他的思想，社会主义制度优越于资本主义制度。不解放思想，不实事求是，不从实际出发，理论与实践不相结合，不可能有现在的一套方针、政策，不可能把人民的积极性统统调动起来，也就不可能搞好现代化建设，显示出社会主义制度的优越性。一位山东的同志说，有一个原来很落后的县，就是因为解放思想，因地制宜地发展生产，才由老大难变为先进。思想路线不是小问题，这是确定政治路线的基础。正确的政治路线能不能贯彻实行，关键是思想路线对不对头。所以，不要小看实践是检验真理的唯一标准的争论。这场争论的意义太大了，它的实质就在于是不是坚持马列主义、毛泽东思想。

三、民主是当前解放思想的重要条件

如何解放思想，需要很多条件，主观的、客观的，历史的、现实的，等等。但在当时，特别需要强调民主，因为当时不少同志的思想还很不解放，脑筋还没有开动起来，也可以说，还处在僵化或半僵化的状态。这并不是因为他们不是好同志，而是由历史原因造成的。这种历史原因在于：一是因为十多年来，林彪、“四人帮”大搞禁区、禁令，制造迷信，把人们的思想封闭在他们假马克思主义的禁锢圈内，不准越雷池一步。否则，就要追查，就要扣帽子、打棍子。在这种情况下，一些人就只好不去开动脑筋，不去想问题了。二是因为民主集中制受到破坏，党内确实存在权力过分集中的官僚主义。这种官僚主义常常以"党的领导"、"党的指示"、"党的利益"、"党的纪律"的面貌出现，这是真正的管、卡、压。许多重大问题往往是一两个人说了算，别人只能奉命行事。这样，大家就什么问题都用不着思考了。三是因为是非功过不清，赏罚不明，干和不干一个样，甚至干得好的反而受打击，什么事不干的，四平八稳的，却成了"不倒翁"。在这种不成文法底下，人们就不愿意去动脑筋了。四是因为小生产的习惯势力还在影响着人们。这种习惯势力的一个显著特点，就是因循守旧，安于现状，不求发展，不求进步，不愿接受新事物。正是在这个意义上，邓小平才指出：民主是当前解放思想的重要条件。

关于政治民主，主要是健全民主集中制。解放思想，开动脑筋，一个十分重要的条件就是要真正实行无产阶级的民主集中制。我们需要集中统一的领导，但是必须有充分的民主，才能做到正确的集中。当前这个时期，特别需要强调民主。邓小平在讲话中指出：因为在过去一个相当长的时间内，民主集中制没有真正实行，离开民主讲集中，民主太少。好的意见不那么敢讲，对坏人坏事不那么敢反对，这种状况不改变，怎么能叫大家解放思想，开动脑筋？四个现代化怎么化法？我们要创造民主的条件，要重申"三不主义"：不抓辫子，不扣帽子，不打棍子。在党内和人民内部的政治生活中，只能采取民主手段，不能采取压制、打击的手段。宪法和党章规定的公民权利、党员权利、党委委员的权利，必须坚决保障，任何人不得侵犯。群众提了些意见应该允许，即使有个别心怀不满的人，想利用民主闹一点事，也没有什么可怕。要处理得当，要相信绝大多数群众有判断是非的能力。一个革命政党，就怕听不到人民的声音，最可怕的是鸦雀无声。现在党内外小道消息很多，真真假假，这是对长期缺乏政治民主的一种惩罚。有了又有集中又有民主，又有纪律又有自由，又有统一意志、又有个人心情舒畅、生动活泼的政治局面，小道消息就少了，无政府主义就比较容易克服。人民群众提出的意见，当然有对的，也有不对的，要进行分析。党的领导就是要善于集中人民群众的正确意见，对不正确的意见给以适当解释。对于思想问题，无论如何不能用压服的办法，要真正实行"双百"方针。一听到群众有一点议论，尤其是尖锐一点的议论，就要追查所谓"政治背景"、所谓"政治谣言"，就要立案，进行打击压制，这种恶劣作风必须坚决制止。毛泽东历来说，这种状况实际上是软弱的表现，是神经衰弱的表现。我们的各级领导，无论如何不要造成同群众对立的局面。这是一个必须坚持的原则。

关于经济民主，主要是经济管理体制权力过于集中，应该有计划地大胆下放。邓小平在讲话中指出：如果不大胆下放，不利于充分发挥国家、地方、企业和劳动者个人四个方面的积极性，也不利于实行现代化的经济管理和提高劳动生产率。应该让地方和企业、生产队有更多的经营管理的自主权。我国有这么多省、市、自治区，一个中等的省相当于欧洲的一个大国，有必要在统一认识、统一政策、统一计划、统一指挥、统一行动之下，在经济计划和财政、外贸等方面给予更多的自主权。当前最迫切的是扩大厂矿企业和生产队的自主权，使每一个工厂和生产队能够千方百计地发挥主动创造精神。一个生产队有了经营自主权，一小块地没有种上东西，一小片水面没有利用起来搞养殖业，社员和干部就要睡不着觉，就要开动脑筋想办法。全国几十万个企业，几百万个生产队都开动脑筋，能够增加多少财富啊！

关于个人民主，要切实保障民主权利，包括民主选举、民主管理和民主监督。当然，这同样是与解放思想分不开的。在讲这方面问题时，邓小平指出：要切实保障民主权利，包括民主选举、民主管理和民主监督，不但应该使每个车间主任、生产队长对生产负责任、想办法，而且一定要使每个工人农民都对生产负责任、想办法。

另外，为了保障人民民主，必须加强法制。邓小平在讲话中指出：必须使民主制度化、法律化，使这种制度和法律不因领导人的改变而改变，现在的问题是法律很不完备，很多法律还没有制定出来。往往把领导人说的话当作"法"，不赞成领导人说的话就叫作"违法"，领导人的话改变了，"法"也就跟着改变。所以，应该集中力量制定刑法、民法、诉讼法和其他各种必要的法律。经过一定的民主程序讨论通过，并且加强检察机关和司法机关，做到有法可依，有法必依，执法必严，违法必究。国家和企业、企业和企业、企业和个人等之间的关系，也要用法律的形式来确定；它们之间的矛盾，也有不少要通过法律来解决。现在立法的工作量很大，人力很不够，因此法律条文开始可以粗一点，逐步完善。有的法规地方可以先试搞，然后经过总结提高，制定全国通行的法律。修改补充法律，成熟一条就修改补充一条，不要等待"成套设备"。总之，有比没有好，快搞比慢搞好。此外，我们还要大力加强对国际法的研究。也要加强党的法制建设。国要有国法，党要有党规党法。党章是最根本的党规党法。没有党规党法，国法就很难保障。各级纪律检查委员会和组织部门的任务不只是处理案件，更重要的是维护党规党法，切实把我们的党风搞好。对于违反党纪的，不管是什么人，都要执行纪律，做到功过分明，赏罚分明，伸张正气，打击邪气。

总之，在这篇讲话中，解放思想是核心。概括地说，解放思想就是在思想理论上的破旧立新。我们应当善于把握历史发展的潮流，走在时代前列，又要善于一切从实际出发，制定正确的发展政策和策略，使现代化建设的各项事业快速发展。

第三节　如何处理好党的历史问题

注意，这篇讲话中使用的词语是"遗留问题"，而不是历史问题。因为当时是1978年，距离粉碎"四人帮"才刚刚过去两年，不能立刻对10年、20年的历史进行定论，全面的拨乱反正工作还没有完成。直到三年后的1981年，党的十一届六中全会《关于建国以来党的若干历史问题的决议》中使用的才是"历史问题"。所以，我们这里不说具体的"遗留问题"，而是分析讲话中透射出的处理党的历史问题的宏观思想和原则。

还要注意，这里的历史问题，是党的历史，不是文学史、经济史，不是个人史、地方史，这是要区别开的。总体有了这样的理解，再来分析这篇讲话，再来看党的历史问题的处理，才会更全面。

一、处理党的历史问题的目的

曾经在与苏联领导人谈话时，邓小平就说道，算历史账，日本欠中国的账是最多的；沙俄则通过不平等条约从中国割占了一百五十多万平方公里的领土，新中国成立后的60年代起中国又受到苏联的军事威胁。但是，我们并不纠缠在过去的历史中，而是说不计较历史的恩怨，但要做到心中有数。由此他主张结束过去，开辟未来，以和平共处基本原则为指针，发展与各国的友好关系。这样对历史问题有分寸的把握，是为了处理好今天与其他国家的关系。对待国家关系的历史问题，与对待党的历史问题一样，都要明确一个总目的，那就是：处理好历史问题，是为了人们放下包袱；解决好历史问题，才能团结一致向前看；处理好历史问题，要总结经验，为今天服务。

这部分讲话的一开始，说的就是解决历史问题的目的：这是解放思想的需要，也是安定团结的需要。目的正是为了向前看，正是为了顺利实现全党工作重心的转变。后来，对于《关于建国以来党的若干历史问题的决议》的起草，邓小平明确提出了指导方针：第一条，即最重要的一条，就是确立毛泽东的历史地位，坚持和发展毛泽东思想。第二条，要对建国以来历史上的大事情，哪些是正确的，哪些是错误的进行实事求是的分析，包括一些中央负责同志的功过是非，都要做出公正的评价；要通过决议对过去的事情做一个基本的总结。总结的目的，是为了引导大家团结一致向前看。《关于建国以来党的若干历史问题的决议》正是按照这样的原则作出的。比如《关于建国以来党的若干历史问题的决议》并没有一开始直接就去说"文化大革命"、毛泽东，而是对建国前28年的历史进行了回顾，对建国32年历史进行了基本估计，为的是可以更宏观地看我们的党，更宏观地看毛泽东和毛泽东思想。在整个回顾之后才有对毛泽东的历史地位和毛泽东思想的评价。对于"文化大革命",是把它放到党领导国家进行建设的线索中,包括基本完成社会主义改造的七年、开始全面建设社会主义的十年、"文化大革命"的十年、历史的伟大转折。这样的安排,既能全面了解党领导国家建设的历史进程,也有利于客观评价"文化大革命",也不偏离主线,从而按照国家建设这个主题,把全国人民团结起来向前看。

还要说明一点,1978年仍处于新旧交替时期。所以,邓小平在讲处理遗留问题时指出:"安定团结十分重要。"

二、处理党的历史问题的原则

在这里,邓小平几乎指出了处理党的历史问题的所有重要原则。

第一,有错必纠原则。我们的原则是"有错必纠"。凡是过去搞错了的东西,统统应该改正。有的问题不能够一下子解决,要放到会后去继续解决。但是要尽快实事求是地解决,干脆利落地解决,不要拖泥带水。对过去遗留的问题,应当解决好。不解决不好,犯错误的同志不做自我批评不好，对他们不作适当的处理不好。但是，不可能也不应该要求解决得十分完满。要大处着眼，可以粗一点，每个细节都弄清不可能，也没必要。

对于犯错误的同志，要促进他们自己总结经验教训，认识和改正错误。要给他们考虑思索的时间。在大是大非问题上有了认识，检讨了，就要表示欢迎。对于人的处理要十分慎重。对过去的错误，处理可宽可严的，可以从宽；对今后发生的问题，要严些。对一般党员处理要宽些，对领导干部要严些，特别是对高级干部要更严些。今后选拔干部要严格。对于那些搞打砸抢的、帮派思想严重的、出卖灵魂陷害同志的、连党的最关紧要的利益都不顾的人，决不能重用。对于看风使舵、找靠山、不讲党的原则的人，也不能轻易信任，要警惕，要教育，要促使他们改造世界观。

这里的"有错必纠"是针对性很强的，是针对当时的遗留问题而言的。1978年4月，党中央批发《关于全部摘掉右派分子帽子决定的实施方案》并指出，对过去错划了的人，要坚持有错必纠的原则，做好改正工作。到1978年11月，全国各地摘掉右派分子帽子的工作已全部完成。对错划右派的改正工作到1980年基本结束。一些机关的"帽子"，如中宣部

"阎王殿"、文化部"帝王将相部"、体委"独立王国"等被摘掉，恢复正常工作。邓小平曾针对性地说："勇于纠正错误，这是有信心的表现。这样全国人民才能心情舒畅，大家向前看，一心搞四化。"据统计，从1978年底到1980年，邓小平先后参加了13次追悼会，为51位含冤逝世的同志敬献了花圈，并多次主持追悼会或致悼词。到1982年底，大规模的平反工作基本结束，有300多万名干部的冤假错案得到平反，47万多名共产党员恢复了党籍，数以千万计的因与这些干部有亲属关系或工作关系而受到株连的干部和群众也由此得到解脱。

第二，实事求是原则。这里指坚持实事求是、尊重历史的客观性原则。比如，在评价毛泽东问题上，邓小平在这次讲话中指出："毛泽东同志在长期革命斗争中立下的伟大功勋是永远不可磨灭的。回想在1927年革命失败以后，如果没有毛泽东同志的卓越领导，中国革命有极大的可能到现在还没有胜利，那样，中国各族人民就还处在帝国主义、封建主义、官僚资本主义的反动统治之下，我们党就还在黑暗中苦斗。所以说没有毛主席就没有新中国，这丝毫不是什么夸张。毛泽东思想培育了我们整整一代人。我们在座的同志，可以说都是毛泽东思想教导出来的。没有毛泽东思想，就没有今天的中国共产党，这也丝毫不是什么夸张。"后来，他还曾指出："成绩要讲，错误也要纠正。这才符合实事求是。毛泽东同志晚年在理论和实践上的错误，要讲，但是要概括一点，要恰当。主要的内容，还是集中讲正确的东西，因为这符合历史。1957年反右派斗争还是要肯定。那时候有的人确实杀气腾腾，想要否定共产党的领导，扭转社会主义的方向，不反击，我们就不能前进。错误在于扩大化。"对于"文化大革命"，邓小平在这次讲话中这样说："总要总结，但是不必匆忙去做。要对这样一个历史阶段做出科学的评价，需要做认真的研究工作，有些事要经过更长一点的时间才能充分理解和作出评价，那时再来说明这一段历史，可能会比我们今天说得更好。"这种"放一放"的态度，也正体现了尊重历史的一种态度。

我们不提路线错误，是考虑到路线斗争、路线错误这个提法过去我们用得并不准确，用得很多很乱。还有一个理由，过去党内长期是这样，一说到不同意见，就提到路线高度，批判路线错误。所以我们要很郑重地来对待这个问题，这是改变我们的党风的问题。对党的十一大、对"文化大革命"，都不说是路线错误，按它的实质分析，是什么性质的错误就写什么错误。

第三，要大处着眼，宜粗不宜细原则。这里指坚持顾全大局。一方面，对于受到历史不公正待遇的同志，不要追问历史，历史毕竟是历史，已经发生的无法恢复到没有发生之前，只能做到适当处理。邓小平曾语重心长地说："全党同志，特别是受过委屈的同志，不要过于纠缠个人功过，对犯错误的同志要给机会。"另一方面，对于解释历史、评判历史的同志，"宜粗不宜细"是一种审视历史重大问题的原则。重大历史问题的研究宜粗不宜细。太细了不妥当。不能因过细而纠缠细节，影响大局。比如对于"文化大革命"这一部分，要写得概括。我们只要把大是大非弄清楚了，一些小事小非一件一件弄清楚，不可能，也没必要。比如"对毛泽东同志的评价，对毛泽东思想的阐述，不是仅仅涉及毛泽东同志个人的问题，这同我们党、我们国家的整个历史是分不开的。要看到这个全局"。这里的"宜粗不宜细"不是掩盖历史，而是指对于大是大非问题、路线问题要交代清楚，而对于枝蔓问题的纠缠则不可能，也没必要。

第四，宽严相济原则。怎么坚持宽严相济呢？一是对过去的错误，如果处理时可宽可严的，就可以从宽处理；而对今后发生的问题，要严些处理。二是对一般党员的处理要宽些，对领导干部的处理要严些，特别是对高级干部要更严些。三是对于人的处理要十分慎重。对于犯错误的同志，要促进他们自己总结经验教训，认识和改正错误；要给他们考虑思索的时间；在大是大非问题上有了认识，检讨了，就要表示欢迎。而对于那些搞打砸抢的、帮派思想严重的、出卖灵魂陷害同志的、连党的最关紧要的利益都不顾的人，绝不能重用。对于看风使舵、找靠山、不讲党的原则的人，也不能轻易信任，要警惕，要教育，要促使他们改造世界观。

第五，处理党的历史问题还要坚持分析个人责任与分析复杂背景相结合的原则，坚持总结成功经验与汲取失败教训相结合的原则。邓小平在接受记者采访谈到毛泽东时说："毛泽东在生前没有把过去良好的作风，比如说民主集中制、群众路线，很好地贯彻下去，没有制定也没有形成良好的制度。这不仅是毛泽东同志本人的缺点，我们这些老一辈的革命家，包括我，也是有责任的。"对于1976年粉碎"四人帮"后的两年徘徊局面，邓小平认为：华国锋同志有责任，但不能把责任都推到他身上，那样也不公道。中央犯错误，不是一个人负责，是集体负责。在坚持总结成功经验与汲取失败教训相结合方面，邓小平指出：我们党的发展，走过了曲折道路。很长时期比较顺利，但也犯过这样那样的错误。每次我们的路线、方针、政策是在总结了成功时期的经验、失败时期的经验和遭受挫折时期的经验后制定的。党十分珍惜来之不易的胜利成果，历史上成功的经验是宝贵财富，错误的经验、失败的经验也是宝贵财富。我们总结这些历史，是为了更好地为国家建设服务，因为在此基础上制定的政策更有说服力。

处理党的历史问题与别的问题，有相同之处，也有些不同之处。比如在《关于建国以来党的若干历史问题的决议》草稿出来后，曾组织了"四千人大讨论"。照理，历史问题为什么要讨论呢？大家把真实的历史说出来、写出来，不就还原了历史了吗？为什么需要你我不同观点的讨论呢？这是因为，这个"历史问题的决议"实质上是政治问题的决议。政治问题的决议，就意味着大家会有不同的看法，自然需要讨论交流。比如，在决议稿讨论过程中，有些人特别是那些"挨过整"的人，带着个人情绪，对毛泽东的评价提出一些激烈的意见。邓小平对此指出："对于毛泽东的错误，一定要毫不含糊地进行批评，但是一定要实事求是，即使毛泽东在‘文化大革命’十年中犯了严重错误，也不能完全否定毛泽东这十年。有些事是林彪、‘四人帮’背着他干的。”这些话从邓小平的嘴里说出来，尤其使人信服。因为邓小平曾经三次被打倒，但仍然从全党的利益出发，从大局的利益出发，尊重实事求是。所以，这实际上不是在讨论历史问题，而是在讨论政治态度问题。讨论的过程也是学习的过程，有些人开始思想很偏激，但经过讨论，冷静下来，渐渐地改变了原来的看法。再比如，对于党的历史问题的决议文件拿得出来拿不出来，早拿出来晚拿出来，全世界都在看中国，在怀疑中国的安定团结的局面。我们认为，“文化大革命”实际过程中发生的缺点、错误，适当的时候作为经验教训加以总结，统一全党和全国人民的认识，是必要的，但是不应匆忙地进行，但是，晚了不利。这些都是政治因素，是政治需要，必须要考虑。但是，我们不因为政治因素而改写历史、粉饰历史，我们没有走赫鲁晓夫批判斯大林的道路。

第四节　如何研究新情况新问题

“如何研究新情况新问题”这个话题是针对当时形势提

出的，讲话中提到的要研究新情况新问题，现在看来已经是旧情况旧问题了，而且很多在以后已经逐步形成了具体的政策。所以，我们这里重点领会关于"研究新情况新问题"的原则。

一、围绕现代化建设研究新情况新问题

我们要及时地研究新情况和解决新问题，否则我们就不可能顺利前进，各方面的新情况都要研究，各方面的新问题都要解决。1978年正处于从"以阶级斗争为纲"转变到以经济建设为中心的道路上来。邓小平所讲的要研究新情况新问题，重点就是研究如何促进这个转变。管理方法、管理制度、经济政策这三方面的问题，主要是针对这个转变提出的新情况新问题。

在实现四个现代化的进程中，必然会出现许多我们不熟悉的、预想不到的新情况和新问题。尤其是生产关系和上层建筑的改革，不会是一帆风顺的，它涉及的面很广，涉及一大批人的切身利益，一定会出现各种各样的复杂情况和问题，一定会遇到重重障碍。例如，企业的改组，就会发生人员的去留问题；国家机关的改革，相当一部分工作人员要转

做别的工作，有些人就会有意见，等等。这些问题很快就要出现，对此我们必须有足够的思想准备。要教育党员和群众以大局为重，以党和国家的整体利益为重。我们应当充满信心，只要我们信任群众，走群众路线，把情况和问题向群众讲明白，任何问题都可以解决，任何障碍都可以排除。随着经济的发展，路子会越走越宽，人们会各得其所，这是毫无疑义的。

现代化建设是一条需要不断探索的道路。在这条道路上，新情况新问题随着时代的发展，会有所不同，但我们一定要坚持围绕现代化建设这个中心去发现新情况新问题，去分析新情况新问题，去解决新情况新问题。

在改革开放将近十年后的1987年，我们的"新情况新问题"变得更加复杂。比如我们在领导工作中还有不少失误。新旧体制正在交替，许多制度尚不健全，各方面的管理和监督还跟不上形势的发展。经济工作中急于求成的倾向仍然存在，社会总需求大于总供给的矛盾尚未根本缓解。资产阶级自由化思潮还有市场，僵化思想仍然束缚着一些同志的头脑。特别是对不少环节上不同程度存在着的官僚主义和腐败现象，全党同志和广大群众是很不满意的。世界范围，新技术革命迅猛发展，市场竞争日益加剧，国际政治风云变幻，我们面临的挑战是紧迫的严峻的。面对这些新情况新问题，中心任务只能是加快和深化改革。改革是振兴中国的唯一出路，是人心所向，大势所趋，不可逆转。

在改革开放将近20年后的1997年，我们又面临了更不同的新情况新问题。比如农民和城镇部分居民收入增长缓慢，失业人员增多，有些群众的生活还很困难；收入分配关系尚未理顺；市场经济秩序有待继续整顿和规范；有些地方社会治安状况不好；一些党员领导干部的形式主义、官僚主义作风和弄虚作假、铺张浪费行为相当严重，有些腐败现象仍然突出；党的领导方式和执政方式与新形势新任务的要求还不完全适应，有的党组织软弱涣散。同时，国际局势风云变幻，东欧剧变、苏联解体，世界社会主义出现严重曲折，我国社会主义事业的发展面临空前巨大的困难和压力。在这个决定党和国家前途命运的重大历史关头，党中央紧紧依靠全党同志和全国各族人民，坚持十一届三中全会以来的路线不动摇，成功地稳住了改革和发展的大局，捍卫了中国特色社会主义伟大事业。

在改革开放进行了30年后的今天，我们同样面临着新情况新问题，主要是：发展中不平衡、不协调、不可持续问题依然突出，科技创新能力不强，产业结构不合理，农业基础依然薄弱，资源环境约束加剧，制约科学发展的体制机制障碍较多，深化改革开放和转变经济发展方式任务艰巨；城乡区域发展差距和居民收入分配差距依然较大；社会矛盾明显增多，教育、就业、社会保障、医疗、住房、生态环境、食品药品安全、安全生产、社会治安、执法司法等关系群众切身利益的问题较多，部分群众生活比较困难；一些领域存在道德失范、诚信缺失现象；一些干部领导科学发展能力不强，一些基层党组织软弱涣散，少数党员干部理想信念动摇、宗旨意识淡薄，形式主义、官僚主义问题突出，奢侈浪费现象严重；一些领域消极腐败现象易发多发，反腐败斗争形势依然严峻。同时，国际局势风云变幻，综合国力竞争空前激烈。

我们认真总结我国发展实践，准确把握我国发展的阶段性特征，及时提出和全面贯彻科学发展观等重大战略思想，开拓了经济社会发展的广阔空间。国际金融危机使我国发展遭遇严重困难，我们科学判断、果断决策，采取一系列重大举措，在全球率先实现经济企稳回升，积累了有效应对外部经济风险冲击、保持经济平稳较快发展的重要经验。概括改革开放的历史进程，正是我们始终坚持把以经济建设为中心同四项基本原则、改革开放这两个基本点统一于中国特色社会主义伟大实践。

二、围绕现代化建设要善于学习，善于重新学习

实现四个现代化是一场深刻的伟大的革命，是一场根本改变我国经济和技术落后面貌的伟大革命。这场大革命，既要大幅度地改变目前落后的生产力，也就必然要多方面地改变生产关系，改变上层建筑，改变社会结构，改变工农业企业的管理方式和国家的管理方式，改变人们的活动方式和思想方式。我们是在不断地解决新的矛盾中前进的，因此，一定要善于学习，善于重新学习。全国胜利前夕，毛泽东就号召全党重新学习。那一次我们学得不坏，进城以后，很快恢复了经济，成功地完成了社会主义改造。这些年来，应当承认学得不好。主要的精力放到政治运动上去了，建设的本领没有学好，建设没有上去，政治也发生了严重的曲折。现在要搞现代化建设，就更加不懂了。所以，全党必须再重新进行一次学习。

　　学习什么？根本的是要学习马列主义、毛泽东思想，要努力把马克思主义的普遍原则同我国实现四个现代化的具体实践结合起来。当前大多数干部还要着重抓紧三个方面的学习：一个是学习经济理论，就是掌握现代化社会主义建设的经济规律。一个是学习科学技术，就是掌握现代化建设的自然规律。还有一个是学习管理，就是在掌握经济规律和自然规律的基础上学会科学管理。不懂得这三样学问，就不可能领导好高速度、高水平的现代化社会主义建设。从实践中学，从书本上学，从自己和人家的经验教训中学，要克服保守主义和本本主义。自己不懂就要向懂行的人学习，向外国的先进管理方法学习。不仅新引进的企业要按人家的先进方法去办，原有企业的改造也要采用先进的方法。今后，政治路线已经解决了，看一个经济部门的党委善不善于领导，领导得好不好，应该主要看这个经济部门实行了先进的管理方法没有，技术革新进行得怎么样，劳动生产率提高了多少，利润增长了多少，劳动者的个人收入和集体福利增加了多少。各条战线的各级党委的领导，也都要用类似这样的标准来衡量。这就是今后主要的政治。离开这个主要的内容，政治就变成空头政治，就离开了党和人民的最大利益。

我们要学会用经济方法管理经济。在管理制度上，当前要特别注意加强责任制。现在，各地的企业事业单位中，党和国家的各级机关中，一个很大的问题就是无人负责。名曰集体负责，实际上等于无人负责。一项工作布置之后，落实了没有，无人过问，结果好坏，谁也不管。所以急需建立严格的责任制。列宁说过："借口集体领导而无人负责，是最危险的祸害，这种祸害无论如何要不顾一切地尽量迅速地予以根除。"任何一项任务、一个建设项目，都要实行定任务、定人员、定数量、定质量、定时间等几定制度。例如引进技术设备，引进什么项目，从哪里引进，引进到什么地方，什么人参加工作，都要具体定下来。引进项目要有几定，原有企业也要有几定。现在打屁股只能打计委、党委，这不解决问题，还必须打到具体人的身上才行。同样，奖励也必须奖到具体的集体和个人才行。我们在实行党委领导下的厂长负责制的时候，要切实做到职责分明。

要使责任制真正发挥作用，必须采取以下几方面的措施：一要扩大管理人员的权限。责任到人就要权力到人。当厂长的、当工程师的、当技术员的、当会计出纳的，各有各的责任，也各有各的权力，别人不能侵犯。只交责任，不交权力，责任制非落空不可。二要善于选用人员，量才授予职责。要发现专家，培养专家，重用专家，提高各种专家的政治地位和物质待遇。用人的政治标准是什么？为人民造福，为发展生产力、为社会主义事业作出积极贡献，这就是主要的政治标准。三要严格考核，赏罚分明。所有的企业、学校、研究单位、机关，都要有对工作的评比和考核，要有学术职称、技术职称和荣誉称号。要根据工作成绩的大小、好坏，有赏有罚，有升有降。而且，这种赏罚、升降必须同物质利益联系起来。总之，要通过加强责任制，通过赏罚严明，在各条战线上形成你追我赶、争当先进、奋发向上的风气。

世界在变化，形势在发展，中国改革开放事业的推进要求我们要一直不断学习、善于学习，努力掌握和运用一切科学的新思想、新知识、新经验，是党始终走在时代前列引领中国发展进步的决定性因素。今天，我们党更是提出要建设学习型党组织。

第一，要坚持把马克思主义作为立党立国的根本指导思想，紧密结合我国国情和时代特征大力推进理论创新，在实践中检验真理、发展真理，用发展着的马克思主义指导新的实践。这是建设马克思主义学习型政党的首要任务。坚持运用马克思主义立场、观点、方法准确把握当今世界发展大势，准确把握社会主义初级阶段基本国情，准确把握改革发展实际，及时总结党领导人民创造的新鲜经验，围绕什么是马克思主义、怎样对待马克思主义，什么是社会主义、怎样建设社会主义，建设什么样的党、怎样建设党，实现什么样的发展、怎样发展等重大问题，不断作出新的理论概括，增强理论说服力和感召力，丰富发展中国特色社会主义理论体系，为进一步认识世界和改造世界、推动党和国家事业发展提供强有力的理论指导。

第二，党员、干部要深入学习马克思列宁主义、毛泽东思想、邓小平理论、"三个代表"重要思想以及科学发展观，牢固树立辩证唯物主义和历史唯物主义世界观和方法论，系统掌握中国特色社会主义理论体系。认真总结深入学习实践科学发展观活动成功经验，形成有利于学习研究和贯彻落实科学发展观的政策导向、舆论导向、用人导向和体制机制，不断推动学习实践向深度和广度发展。党员领导干部要作真学真懂真信真用的表率，着力提高理论素养和解决实际问题能力。中央委员和省部级领导干部要认真研读马克思主义特别是中国特色社会主义理论体系基本著作，切实提高战略思维、创新思维、辩证思维能力，带头探索回答重大理论和实践问题。大力弘扬理论联系实际的学风，引导党员、干部把学习理论同研究解决人民最关心最直接最现实的利益问题、本地区本部门改革发展稳定的重大问题、党的建设突出问题结合起来，增强工作的原则性、系统性、预见性、创造性。

第三，党员、干部模范学习践行社会主义核心价值体系，是建设马克思主义学习型政党的重要任务。把理想信念教育作为全党学习践行社会主义核心价值体系的重中之重，教育引导党员着力增强贯彻党的基本理论、基本路线、基本纲领、基本经验的自觉性和坚定性，增强走中国特色社会主义道路、为党和人民事业不懈奋斗的自觉性和坚定性，做共产主义远大理想和中国特色社会主义共同理想的坚定信仰者。引导党员、干部增强党的意识、宗旨意识、执政意识、大局意识、责任意识，做到为党分忧、为国尽责、为民奉献。加强党的意识形态工作和思想政治工作，引导党员、干部增强政治敏锐性和政治鉴别力，筑牢思想防线，自觉划清马克思主义同反马克思主义的界限，社会主义公有制为主体、多种所有制经济共同发展的基本经济制度同私有化和单一公有制的界限，中国特色社会主义民主同西方资本主义民主的界限，社会主义思想文化同封建主义、资本主义腐朽思想文化的界限，坚决抵制各种错误思想影响，始终保持立场坚定、头脑清醒。加强思想道德建设，加强党的优良传统教育，加强中华优秀文化传统教育，引导党员、干部带头弘扬以爱国主义为核心的民族精神和以改革创新为核心的时代精神，自觉践行社会主义荣辱观，培养高尚道德情操和健康生活情趣，保持昂扬奋发的精神状态。

第四，在全党营造崇尚学习的浓厚氛围，积极向书本学习、向实践学习、向群众学习，优化知识结构，提高综合素质，增强创新能力，使各级党组织成为学习型党组织、各级领导班子成为学习型领导班子。组织党员、干部重点学习马克思主义理论，学习党的路线方针政策和国家法律法规，学习党的历史，同时广泛学习现代化建设所需要的经济、政治、文化、科技、社会和国际等各方面知识。

三、如何以点带面地推动建设

《解放思想，实事求是，团结一致向前看》的字里行间贯穿着一种紧迫性，因为我们已经落后了，要赶快啊！为此，邓小平多次提出以点代面，在全国统一方案拿出来以前，可以先从局部做起，从一个地区、一个行业做起，逐步推开。试验中间会出现各种矛盾，我们要及时发现和克服这些矛盾。这样我们才能进步得比较快。一部分人生活先好起来，就必然产生极大的示范力量，影响左邻右舍，带动其他地区、其他单位的人们向他们学习。这样，就会使整个国民经济不断地波浪式地向前发展，使全国各族人民都能比较快地富裕起来。当然，在西北、西南和其他一些地区，那里的生产和群众生活还很困难，国家应当从各方面给予帮助，特别要从物质上给予有力的支持。

中央各部门要允许和鼓励它们进行这种试验。要发现专家，培养专家，重用专家，提高各种专家的政治地位和物质待遇。所有的企业、学校、研究单位、机关，都要有对工作的评比和考核，要有学术职称、技术职称和荣誉称号。要根据工作成绩的大小、好坏，有赏有罚，有升有降。而且，这种赏罚、升降必须同物质利益联系起来。为国家创造的财富多，个人的收入就应该多一些，集体福利就应该搞得好一些。不讲多劳多得，不重视物质利益，对少数先进分子可以，对广大群众不行，一段时间可以，长期不行。革命精神是非常宝贵的，没有革命精神就没有革命行动。但是，革命是在物质利益的基础上产生的，如果只讲牺牲精神，不讲物质利益，那就是唯心论。在党内和人民群众中，肯动脑筋、肯想问题的人愈多，对我们的事业就愈有利。干革命、搞建设，都要有一批勇于思考、勇于探索、勇于创新的闯将。没有这样一大批闯将，我们就无法摆脱贫穷落后的状况，就无法赶上更谈不到超过国际先进水平。

邓小平明确指出：这是一个大政策，一个能够影响和带动整个国民经济的政策。这个大政策，后来邓小平进一步完整地论述。在1985年会见美国时代公司组织的美国高级企业家代表团时邓小平说："一部分地区、一部分人可以先富起来，带动和帮助其他地区、其他的人，逐步达到共同富裕。"邓小平在天津听取汇报和进行视察的过程中说："我的一贯主张是让一部分人、一部分地区先富起来，大原则是共同富裕。"一部分地区发展快一点，带动大部分地区，这是加速发展、达到共同富裕的捷径。逐渐地，共同富裕成为社会主义本质论的一部分。社会主义的本质，是解放生产力、发展生产力，消灭剥削，消除两极分化，最终达到共同富裕。

《解放思想，实事求是，团结一致向前看》是在"文化大革命"结束以后，中国面临向何处去的重大历史关头，冲破"两个凡是"的禁锢，开辟新时期新道路、开创建设有中国特色社会主义新理论的宣言书。这是党的十五大报告对这篇讲话的评价。的确，在"文化大革命"刚刚结束之时，一方面许多历史问题等待着我们处理，另一方面又涌现出新情况新问题等待着我们应对。我们只有向前看接受新的挑战。但向前看必须首先解决好历史问题。只有解决好历史问题，才能团结一切力量向前看。这一切的前提是解放思想实事求是。《解放思想，实事求是，团结一致向前看》正是在这一重大历史关头发表的宣言，宣告了我们对历史的态度，指明了我们向前看的方针，从而实现了对全国各族人民的团结，开启了中国社会主义建设的新时期、新道路、新理论。

《解放思想，实事求是，团结一致向前看》这篇讲话，由于是会议讲话，所以，字里行间有很浓的口语色彩，这也是邓小平讲话风格的体现。这种风格，让人读来有一种促膝谈心的感觉。也正因为如此，这篇讲话不是以逻辑推理来贯穿，不是以立论、驳论为依托，也没有刻意地谋篇布局，但却丝毫不影响其思想内容的丰富性。在这里，我们对讲话中涉及的具体问题和具体事件没有过多着墨，而是重点剖析其思想性、方向性、政策性，从而突出展现这篇讲话的思想光辉。

第四章 "讲话"的历史意义和现实意义

《解放思想，实事求是，团结一致向前看》的核心是解放思想。这篇讲话不仅为十一届三中全会的召开奠定了思想基础，而且作为这次全会事实上的主题报告，还推动了各项决策的出台。十一届三中全会是新中国成立以来我党历史上具有深远意义的伟大转折。全会形成了以邓小平为核心的中央领导集体，实现了伟大的历史性转折，开创了我国社会主义事业发展的新时期。由十一届三中全会的地位，可以看出《解放思想，实事求是，团结一致向前看》的历史意义和现实意义是重大的。

第一节 党和国家历史关头的宣言书

在《解放思想，实事求是，团结一致向前看》主题思想的指导下，十一届三中全会宣告了工作重心转移到现代化建设上来，恢复了实事求是的思想路线，并开始拨乱反正的工作。

一、实现了党和国家战略重心转移

在邓小平和其他老一辈革命家的支持下，党的十一届三中全会认真纠正"文化大革命"中及其以前的"左"倾错误，坚持解放思想实事求是精神，确定了解放思想、开动脑筋、实事求是、团结一致向前看的指导方针，作出了从1979年起把全党工作重点转移到社会主义现代化建设上来的战略决策。党的十一届三中全会认为全国揭批林彪、"四人帮"的政治大革命取得了伟大的胜利；国民经济得到了进一步的恢复和发展；全国出现了安定团结的政治局面；我国外交政策得到了重大进展。所有这一切，都为全党把工作重点转移到社会主义现代化建设上来准备了良好条件。

党的十一届三中全会指出，毛泽东早在建国初期，特别在社会主义改造基本完成以后，就再三指示全党，要把工作中心转到经济方面和技术革命方面来。毛泽东和周恩来领导我们党在进行社会主义现代化建设事业方面，做了大量工作，取得了重大的成就，但是后来被林彪、"四人帮"反革命集团打断了，破坏了。此外，由于我们对于社会主义建设缺乏经验，工作指导上发生了一些缺点和错误，也妨碍了党的工作中心转变的完成。现在，全国范围内揭批林彪、"四人帮"的群众运动已经基本上胜利完成，虽然少数地区和部门的运动比较落后，还需要一段时间来抓紧进行，不能一刀切，但是就整体来说，实行全党工作中心转变的条件已经具备。因此，全会一致同意华国锋同志代表中央政治局所提出的决策，现在就应当适应国内外形势的发展，及时地、果断地结束全国范围的大规模的揭批林彪、"四人帮"的群众运动，把全党工作的着重点和全国人民的注意力转移到社会主义现代化建设上来。这对于实现国民经济三年、八年规划和二十三年设想，实现农业、工业、国防和科学技术的现代化，巩固我国的无产阶级专政，具有重大的意义。

我们党所提出的新时期的总任务，反映了历史的要求和人民的愿望，代表了人民的根本利益。我们能否实现新时期的总任务，能否加快社会主义现代化建设，并在生产迅速发展的基础上显著地改善人民生活，加强国防，这是全国人民最为关心的大事，对于世界的和平和进步事业也有十分重大的意义。实现四个现代化，要求大幅度地提高生产力，也就必然要求多方面地改变同生产力发展不适应的生产关系和上层建筑，改变一切不适应的管理方式、活动方式和思想方式，因而是一场广泛、深刻的革命。我们国内现在还存在着极少数敌视和破坏我国社会主义现代化建设的反革命分子和刑事犯罪分子，我们绝不能放松同他们的阶级斗争，绝不能削弱无产阶级专政。但是正如毛泽东所说，大规模的急风暴雨式的群众阶级斗争已经基本结束，对于社会主义社会的阶级斗争，应该按照严格区别和正确处理两类不同性质的矛盾的方针去解决，按照宪法和法律规定的程序去解决，决不允许混淆两类不同性质矛盾的界限，决不允许损害社会主义现代化建设所需要的安定团结的政治局面。

党的十一届三中全会要求全党、全军和全国各族人民同心同德，进一步发展安定团结的政治局面，并且立即动员起来，鼓足干劲，群策群力，为在20世纪内把我国建设成为社会主义的现代化强国而进行新的长征。

党的十一届三中全会把党和国家工作中心转移到经济建设上来，开启了中国改革开放的历史进程，实现了从"以阶级斗争为纲"到以经济建设为中心、从封闭半封闭到改革开放、从计划经济到市场经济的深刻转变。

二、恢复了党的实事求是思想路线

党的十一届三中全会实现了思想路线的拨乱反正。全会冲破了党的指导思想上存在的教条主义和个人崇拜，批评了"两个凡是"的方针，高度评价了关于真理标准问题的讨论，指出实践是检验真理的唯一标准是党的思想路线的根本原则，从而重新确立了马克思主义的实事求是的思想路线。会议在充分肯定伟大领袖毛泽东在我国长期革命斗争中的巨大作用的同时，着重强调要从科学体系上掌握和运用毛泽东思想，不能一切照搬照抄，不能搞"两个凡是"。

党的十一届三中全会体现了解放思想实事求是的精神。全会坚持解放思想实事求是精神，确定了解放思想、开动脑筋、实事求是、团结一致向前看的指导方针，果断地停止使用"以阶级斗争为纲"的口号，否定了"无产阶级专政下继续革命"的错误理论，作出了把党和国家工作中心转移到经济建设上来、实行改革开放的历史性决策。全会按照实事求是的原则，全面认真纠正"文化大革命"中及其以前的"左"倾错误，总结了党的历史的经验教训，认真讨论了"文化大革命"中发生的一些重大政治事件，实事求是地审查和解决了党的历史上一批重大冤假错案和一些重要领导人的功过是非问题。全会在讨论经济建设问题时也体现了解放思想实事求是精神。会议指出：虽然少数地区和部门的运动比较落后，还需要一段时间来抓紧进行，不能一刀切，但是就整体来说，实行全党工作中心转变的条件已经具备。会议看到了经济建设的成绩，也实事求是地指出了一些存在的问题：大力粉碎"四人帮"以后，我国国民经济恢复和发展的步子很快，1978年的工农业总产值和财政收入都有较大幅度的增长；但是必须看到，由于林彪、"四人帮"的长期破坏，国民经济中还存在不少问题。一些重大的比例失调状况没有完全改变过来，生产、建设、流通、分配中的一些混乱现象没有完全消除，城乡人民生活中多年积累下来的一系列问题必须妥善解决。我们必须在这几年中认真地逐步地解决这些问题，切实做到综合平衡，以便为迅速发展奠定稳固的基础。会议指出：基本建设必须积极地而又量力地循序进行，要集中力量打歼灭战，不可一拥而上，造成窝工和浪费。

党的十一届三中全会还具体阐述了解放思想实事求是。会议指出：一个党，一个国家，一个民族，如果一切从本本出发，思想僵化，那它就不能前进，它的生机就停止了，就要亡党亡国。会议针对现在还有不少同志不敢大胆地实事求是地提出问题和解决问题，提出全党同志和全国人民要继续打破林彪、"四人帮"的精神枷锁，同时要坚决克服权力过于集中的官僚主义、赏罚不明现象和小生产的习惯势力的影响，以利于人人解放思想，"开动机器"。只有全党同志和全国人民在马列主义、毛泽东思想的指导下，解放思想，努力研究新情况新事物新问题，坚持实事求是、一切从实际出发、理论联系实际的原则，我们党才能顺利地实现工作中心的转变，才能正确解决实现四个现代化的具体道路、方针、方法和措施，正确改革同生产力迅速发展不相适应的生产关系和上层建筑。只要全党努力学习马列主义、毛泽东思想和社会主义现代化建设的本领，继续坚持实事求是，坚持群众路线，既勇于创造新的经验，又保持谦虚谨慎的态度，充分调查研究，实行精心指导，不打无准备之仗，不打无把握之仗，就一定能够加快实现新时期的总任务，任何困难都不能阻止党和人民的胜利前进。

三、开始了全面的拨乱反正工作

会议总结了一些大是大非问题。明确了党的思想路线问题、政治路线和组织路线问题。关于党的思想路线，对过去的"两个凡是"的错误方针坚决批判。关于党的政治路线问题，对过去的"以阶级斗争为纲"口号停止使用，认为已经不适用于社会主义社会。关于党的组织路线问题，对于过去那种脱离党和群众监督，设立专案机构审查干部的方式，认为弊病极大，必须永远废止。

党的十一届三中全会评价了重大历史问题和领导人的功过是非。关于毛泽东会议认为，毛泽东在长期革命斗争中立下的伟大功勋是不可磨灭的。如果没有他的卓越领导，没有毛泽东思想，中国革命有极大的可能到现在还没有胜利，那样中国人民就还处在帝国主义、封建主义、官僚主义的反动统治之下，我们党就还在黑暗中苦斗。毛泽东是伟大的马克思主义者。他对于包括自己在内的任何人，始终坚持一分为二的科学态度。要求一个革命领袖没有缺点、错误，那不是马克思主义，也不符合毛泽东历来对自己的评价。党中央在理论战线上的崇高任务，就是领导、教育全党和全国人民历史地、科学地认识毛泽东的伟大功绩，完整地、准确地掌握毛泽东思想的科学体系，把马列主义、毛泽东思想的普遍原理同社会主义现代化建设的具体实践结合起来，并在新的历史条件下加以发展。关于"文化大革命",会议认为,对于"文化大革命",也应当历史地、科学地、实事求是地去看待它。对于"文化大革命"过程中的缺点,适当的时候作为经验教训加以总结,统一全党和全国人民的认识,是必要的,但是不应匆忙地进行。这既不影响我们实事求是地解决历史上的一切遗留问题,更不影响我们集中力量加快实现四个现代化这一当前最伟大的历史任务。

党的十一届三中全会还审查和解决了一些重大历史遗留问题。会议指出:1975年,邓小平受毛泽东委托主持中央工作期间,各方面工作取得很大成绩,全党全军和全国人民是满意的。邓小平同志和中央其他领导同志一道,按照毛泽东的指示,对"四人帮"的干扰破坏进行了针锋相对的斗争。"四人帮"把1975年的政治路线和工作成就说成是所谓"右倾翻案风",这个颠倒了的历史必须重新颠倒过来。会议指出:1976年4月5日"天安门事件"完全是革命行动,以"天安门事件"为中心的全国亿万人民沉痛悼念周恩来同志、愤怒声讨"四人帮"的伟大革命群众运动,为我们党粉碎"四人帮"奠定了群众基础。全会决定撤销中央发出的有关"反击右倾翻案风"运动和"天安门事件"的文件。会议审查和纠正了过去对彭德怀、陶铸、薄一波、杨尚昆等同志所作的错误结论，肯定了他们对党和人民的贡献。会议还指出，解决历史遗留问题必须遵循毛泽东一贯倡导的实事求是、有错必纠的原则。只有坚决地平反假案，纠正错案，昭雪冤案，才能够巩固党和人民的团结，维护党和毛泽东的崇高威信。在揭批"四人帮"的群众运动结束以后，这个任务还要坚决抓紧完成。

会议坚持了正确地处理党的历史问题的原则。坚持了实事求是、尊重历史的原则，坚持了有错必纠、宽严相济的原则，坚持了分析个人责任与分析复杂背景相结合的原则，坚持了总结成功经验与汲取失败教训相结合的原则。会议对于理论是非、路线是非等大是大非问题的确认，对于毛泽东的评价、对于"文化大革命"的评价、对于重大历史遗留问题的处理等，都体现了这些原则。

四、推动了党的执政方式的转变

除了明确的工作重心转移、实事求是思想路线的恢复和拨乱反正工作的全面开展，十一届三中全会适时地推动了党的执政方式的转变。同样，其指导思想的发端是《解放思想，实事求是，团结一致向前看》这个主题报告。

中国共产党领导中国人民，实现了从半殖民地半封建社会到民族独立、人民当家做主新社会的历史性转变，从新民主主义革命到社会主义革命和建设的历史性转变，从高度集中的计划经济体制到社会主义市场经济体制、从封闭半封闭到全方位开放的历史性转变。在这个过程中，中国共产党的执政方式也在发生着变化。虽然我们在1982年党的十二大通过的《中国共产党章程》才明确规范执政党的权力，但事实上，从工作重心转移开始，我们党的执政方式就随之在发生着变化。到1997年，党的十五大提出了"依法治国，建设社会主义法治国家"的法治建设奋斗目标。这一要求写进了宪法总纲部分，并写进了党的十六大通过的党章。党的十七大报告进一步强调要提高"依法执政水平"。十七大同时还修改了党章，规定党要适应改革开放和社会主义现代化建设的要求，"依法执政，加强和改善党的领导"。

事实上，中国共产党发生的历史性变化，是从党的十一届三中全会开始的。党的十一届三中全会重新确立了马克思主义的思想路线、政治路线和组织路线。全会提出：为了保障人民民主，必须加强社会主义法制，使民主制度化、法律化，使这种制度和法律具有稳定性、连续性和极大的权威，做到有法可依，有法必依，执法必严，违法必究。党的十一届三中全会还要求：把立法工作摆到全国人民代表大会及其常务委员会的重要议程上来。检察机关和司法机关要保持应有的独立性；要忠实于法律和制度，忠实于人民利益，忠实于事实真相；要保证人民在法律面前人人平等，不允许任何人有超越于法律之上的特权。总之，党的十一届三中全会实现了新中国成立以来具有深远意义的伟大转折。同样，对中国共产党自身的转变来说，也是从此开始。《解放思想，实事求是，团结一致向前看》主要是面向全党的讲话，无论是解放思想，还是具体的建议，都围绕着党的转变而言的。比如批评党的领导，要解放思想，不是要党去包办一切、干预一切；不是要党政不分、以党代政；不是要"一切统一口径"。《解放思想，实事求是，团结一致向前看》指出：今后，政治路线已经解决了，看一个经济部门的党委善不善于领导，领导得好不好，应该主要看这个经济部门实行了先进的管理方法没有，技术革新进行得怎么样，劳动生产率提高了多少，利润增长了多少，劳动者的个人收入和集体福利增加了多少。各条战线的各级党委的领导，也都要用类似这样的标准来衡量。这就是今后主要的政治。从此，中共产党领导中国人民在探索建设中国特色社会主义道路的实践中，赢得人民群众衷心拥护，成为中国特色社会主义事业的坚强领导核心。

第二节　开启了改革开放的序幕

正如《春天的故事》这首歌唱的那样：

一九七九年那是一个春天

有一位老人在中国的南海边

画了一个圈

神话般地崛起座座城

奇迹般地聚起座座金山

春雷啊唤醒了长天内外

春辉啊暖透了大江两岸

啊中国啊中国

你迈开了气壮山河的新步伐

你迈开了气壮山河的新步伐

走进万象更新的春天

歌中唱到的1979年，映衬的是对外开放、经济特区的建设。事实上，中国改革开放的序曲，是以十一届三中全会召开为标志的。

一、对内改革方面

中国改革开放从农村经济体制改革率先开始，实行以家庭联产承包责任制为主要内容的改革。城市改革的试验也同时开始起步，开展了扩大企业自主权试点，推行两步"利改税"，逐步推进"划分收支、分级包干"的财政体制改革，废除了农副产品的统购统销制度，集体经济和个体经济逐步恢复和发展。与此同时，兴办了深圳、珠海、汕头、厦门四个经济特区。中国的这场改革是全面的，涉及中国经济、政治生活。中国的这场开放是全方位的，涉及不同国家、不同领域。

在经济体制改革方面，1984年中共十二届三中全会通过了《关于经济体制改革的决定》，以此为标志，中国改革开放进入全面探索时期。这个时期，改革重点是经济体制改革，主要是着力于增强企业特别是国有大中型企业的活力，发展社会主义的商品市场，建立新的社会主义宏观经济管理制度。中共十四大确立了社会主义市场经济体制的改革目标，以此为标志，中国经济体制改革进入了以制度创新为主要内容的新阶段。中共十四届三中全会通过的《关于建立社会主义市场经济体制若干问题的决定》指出，建立社会主义市场经济体制，就是要使市场在国家宏观调控下对资源配置起基础性作用，并提出社会主义市场经济体制的基本框架。1997年中共十五大确立了公有制为主体、多种所有制经济共同发展的基本经济制度，推动以建立社会主义市场经济体制为目标的改革进一步向纵深发展。

在政治体制改革方面，中国共产党考虑对政治体制进行改革是在十一届三中全会前后。邓小平、叶剑英等在1978年底中央工作会议上的讲话、中共十一届三中全会的公报，以及1980年8月18日邓小平作的《党和国家领导制度的改革》重要讲话，还有随后召开的中共十二大、十三大，都反复强调要搞好社会主义民主政治建设，进行政治体制改革，并在实践中取得了积极的成果。随着经济体制改革的展开和深入，对政治体制改革提出了更高的要求，也为政治体制改革创造了前提。中共十二届六中全会强调要"坚定不移地进行政治体制改革"。党的十三大的召开，标志着我国的政治体制改革的全面展开。报告把政治体制改革的主要内容概括为七个方面：实行党政分开；进一步下放权力；改革政府工作机构；改革干部人事制度；建立社会协商对话制度；完善社会主义民主政治的若干制度；加强社会主义法制建设。党的十三大为我国政治体制改革规划了宏伟蓝图。党的十四大报告在提出建立社会主义市场经济的同时，强调适应市场经济发展的需要，实行政企分开，精简机构，加强法制建设，推进基层民主。党的十五大明确提出依法治国，建设社会主义法治国家的目标和任务。党的十六大进一步提出建设社会主义政治文明，强调最根本的是要把坚持党的领导、人民当家做主和依法治国有机统一起来，改革和完善党的领导方式和执政方式，加强对权力的制约和监督，建立结构合理、配置完备、程序严密、制约有效的权力运行机制。党的十七大明确提出人民民主是社会主义的生命，政治体制改革作为我国全面改革的重要组成部分，必须随着经济社会发展而不断深化，与人民政治参与积极性不断提高相适应；强调要增强公民意识，保证公民表达权，逐步实行城乡按相同人口比例选举人大代表；实行党的代表大会代表任期制，选择一些县（市、区）试行党代表大会常任制等。党的十八大报告指出政治体制改革是我国全面改革的重要组成部分。必须继续积极稳妥推进政治体制改革，发展更加广泛、更加充分、更加健全的人民民主。必须坚持党的领导、人民当家做主、依法治国有机统一，以保证人民当家做主为根本，以增强党和国家活力、调动人民积极性为目标，扩大社会主义民主，加快建设社会主义法治国家，发展社会主义政治文明。要更加注重改进党的领导方式和执政方式，保证党领导人民有效治理国家；更加注重健全民主制度、丰富民主形式，保证人民依法实行民主选举、民主决策、民主管理、民主监督；更加注重发挥法治在国家治理和社会管理中的重要作用，维护国家法制统一、尊严、权威，保证人民依法享有广泛权利和自由。要把制度建设摆在突出位置，充分发挥我国社会主义政治制度优越性，积极借鉴人类政治文明有益成果，绝不照搬西方政治制度模式。

二、对外开放方面

在对外开放方面，1978年党的十一届三中全会开始，中国对外开放起步，开办了深圳、珠海、汕头、厦门四个经济特区，而后中央又确定开放沿海14个城市，以吸取外资、引进技术、知识和管理办法，从此揭开了我国改革开放的新一页。1988年，七届人大通过关于建立海南省经济特区的决议，海南省成为我国面积最大的经济特区。

1984年4月，党中央、国务院研究决定将对外开放的范围由特区扩大至沿海其他一些城市。这次开放的城市共有14个，它们分别是：大连、秦皇岛、天津、烟台、青岛、连云港、南通、上海、宁波、温州、福州、广州、湛江和北海。当年9月首先批准了东北重镇大连市兴办经济技术开发区。从这时起到1985年1月，在逐渐审批沿海开放城市的实施方案中陆续批准了秦皇岛、烟台、青岛、宁波、湛江、天津、连云港、南通、福州、广州等10个城市举办经济技术开发区，给予它们和沿海经济特区类似的优惠政策。到1995年底，各省、自治区、直辖市人民政府批准设立的各类经济技术开发区共有638个。

1990年开发开放浦东，提出以上海浦东开发开放为龙头，进一步开放长江沿岸城市，尽快把上海建成国际经济、金融、贸易中心之一，以此带动长江三角洲和整个长江流域的新飞跃。从1990年起先后在上海浦东新区的外高桥和天津港等地设立了15个保税区。开放长江的芜湖、九江等6个城市和设立长江三峡经济开放区。开放珲春等13个陆地边境城市，开放内陆所有的省会、自治区首府城市，给予这些地方和经济技术开发区一样的优惠政策。这样，在我国就形成了沿海、沿江、沿边及东西南北中多层次、多渠道、全方位的对外开放局面。

2001年11月我国加入世贸组织，标志着我国对外开放进入一个崭新的阶段。加入世贸组织，大大地改善了中国的投资环境。加入世界贸易组织，一方面大大地拓展了外资准入的范围和程度，更重要的是增加了我们投资环境的稳定性和可预见性，也就增加了投资者对中国的信心。加入世贸组织以后，增强了中国产业的国际竞争力。加入世贸组织以后的十年是我们产业竞争力增强最快的十年，也是对外贸易增长最快的十年。十年以后，中国跃居成第一大出口国、第二大进口国。加入世界贸易组织，引进了国际规则，有力地推进了社会主义市场经济的完善。通过加入世界贸易组织的谈判和最终加入，大大地树立了中国人的国际规则意识，使得中国人开拓了视野，培养了一大批国际化人才。

改革开放30年来，我国取得了举世瞩目的发展成就。这种成就的起点，在于我们确确实实地把工作重心，从"阶级斗争为纲"转到了经济建设轨道上来了，这种转变是不容易的。一路走来，是全体党员、全国人民共同奋斗的结果；是众多文件、众多政策方针推动落实的结果。但吹响这一重大转变号角的是《解放思想，实事求是，团结一致向前看》这一讲话，不仅仅直接推动了党和国家工作重心的转移，而且对十一届三中全会以来中国改革开放进程也有重大影响，对我们今天制定战略、进行决策仍有重要启示。

第三节　探索中国特色社会主义理论与实践

一、中国特色社会实践的探索

改革开放30多年来，我国经济社会发展取得了巨大成就。同时，中国的发展也引起了世界的关注，从"北京共识"、"中国道路"、"中国模式"、"中国经验"、"中国奇迹"等，不一而足。虽然，对于究竟什么是"中国模式"、"中国道路"外界众说纷纭，但基本认为：这是具有中国特色的后发国家的现代化之路。

后发国家，指发展起步比先发国家迟的国家。后发国家的现代化，曾经有"东亚模式"和"拉美模式"。东亚模式是指第二次世界大战后日本、韩国、东南亚等国家的现代化道路。"东亚模式"作为一种经济发展模式，是指出口导向型的工业化战略或外向型的经济发展战略。"东亚模式"作为一种体制模式，其最显著的特色是强力政府具有强烈的经济建设意识和强大的导向作用。一般认为亚洲金融危机后，"东亚模式"失效。拉美模式是指以巴、墨、阿为代表的拉美国家，在强调民族主义的基础上，采取加强政府干预，实行企业国有化和增加基础设施建设等手段，取得了经济高速增长。20世纪80年代由债务危机造成困境，现在面对经济低增长和高失业率带来的严峻挑战，也被认为已经失效。

随着"中国模式"的成功，很多第三世界国家似乎正在放弃美国民主模式而转向重视经济的"中国模式"。中国绝不拒绝学习外部世界的成功经验，也从不把自己的模式与制度强加于人。中国特色社会主义的价值，主要体现在它拓宽了民族国家走向现代化的途径，丰富了人类对社会发展规律和道路的认识，促进了全球化时代人类文明的多样性发展。

对于中国探索的具有自身特色的社会主义实践，党的十八大报告将其概括为中国特色社会主义道路。这条道路是在中国共产党领导下，立足基本国情，以经济建设为中心，坚持四项基本原则，坚持改革开放，解放和发展社会生产力，建设社会主义市场经济、社会主义民主政治、社会主义先进文化、社会主义和谐社会、社会主义生态文明，促进人的全面发展，逐步实现全体人民共同富裕，建设富强民主文明和谐的社会主义现代化国家。

中国特色社会主义实践的探索历程始于1978年，始于十一届三中全会，始于《解放思想，实事求是，团结一致向前看》的昭示。由此，我们在十八大报告的这个概括中，可以清晰地可以看到对《解放思想，实事求是，团结一致向前看》思想的继承。如中国共产党的领导，立足于基本国情，实事求是，以经济建设为中心，这种思路是《解放思想，实事求是，团结一致向前看》中提出的具体主张的继承。如坚持四项基本原则，坚持改革开放，解放和发展社会生产力，建设社会主义市场经济、社会主义民主政治、社会主义先进文化、社会主义和谐社会、社会主义生态文明，促进人的全面发展等，是结合中国发展各阶段的实际和不同时代特点，是对《解放思想，实事求是，团结一致向前看》思想的继承和发展。

二、中国特色社会主义理论的形成

中国特色社会主义理论是在中国特色社会主义实践探索中形成的，并逐步发展成体系。这个体系是包括邓小平理论、"三个代表"重要思想、科学发展观在内的科学理论体系，是对马克思列宁主义、毛泽东思想的坚持和发展。

中国特色社会主义理论的开创，是以邓小平为核心的党的第二代中央领导集体带领全党全国各族人民进行的。以毛泽东为核心的党的第一代中央领导集体带领全党全国各族人民，实现的社会变革，为当代中国一切发展进步奠定了根本政治前提和制度基础，为新的历史时期开创中国特色社会主义提供了宝贵经验、理论准备、物质基础。以邓小平为核心的党的第二代中央领导集体带领全党全国各族人民深刻总结我国社会主义建设正反两方面经验，借鉴世界社会主义历史经验，作出把党和国家工作中心转移到经济建设上来、实行改革开放的历史性决策，深刻揭示社会主义本质，确立社会主义初级阶段基本路线，明确提出走自己的路、建设中国特色社会主义，科学回答了建设中国特色社会主义的一系列基本问题，成功开创了中国特色社会主义。正是在这一系列问题回答的基础上，形成了中国特色社会主义理论。

随着中国特色社会主义实践的发展，中国特色社会主义理论不断丰富和发展，但解放思想实事求是一直是其精髓所在。思想精髓是整个理论体系赖以成立和富有生命力的科学世界观和方法论。中国特色社会主义理论的解放思想实事求是的精髓，恰恰是来源于《解放思想，实事求是，团结一致向前看》这一文本。

总之，在未来探索中国特色社会主义实践和理论的征途上，我们也必须牢牢把握解放思想实事求是的精髓，不断提高运用马克思主义立场、观点和方法研究新情况、解决新问题的能力。从而，应和着《解放思想，实事求是，团结一致向前看》这一宣言书，续写中国特色社会主义事业的新篇章。

三、推动了党执政方式的改变

中国共产党领导中国人民，实现了从半殖民地半封建社会到民族独立、人民当家做主新社会的历史性转变，从新民主主义革命到社会主义革命和建设的历史性转变，从高度集中的计划经济体制到社会主义市场经济体制、从封闭半封闭到全方位开放的历史性转变。在这个过程中，中国共产党的执政方式也在发生着变化。从新中国成立到1982年这段时期，中国共产党没有明确的执政方式的理念，而只有领导方式的理念。1982年中国共产党第十二次全国代表大会审议通过《中国共产党章程》，开始规范执政党的权力，提出了"党必须在宪法和法律的范围内活动"的要求。1997年党的十五大提出了"依法治国，建设社会主义法治国家"的法治建设奋斗目标。这一要求写进了宪法总纲，并写进了党的十六大通过的党章。党的十七大报告进一步强调要提高"依法执政水平"，十七大新修订的党章规定党要适应改革开放和社会主义现代化建设的要求，"依法执政，加强和改善党的领导"。

事实上，中国共产党发生的历史性变化，是从党的十一届三中全会开始的。党的十一届三中全会重新确立了马克思主义的思想路线、政治路线和组织路线。全会提出：为了保障人民民主，必须加强社会主义法制，使民主制度化、法律化，使这种制度和法律具有稳定性、连续性和极大的权威，做到有法可依，有法必依，执法必严，违法必究。党的十一届三中全会还要求：把立法工作摆到全国人民代表大会及其常务委员会的重要议程上来。检察机关和司法机关要保持应有的独立性；要忠实于法律和制度，忠实于人民利益，忠实于事实真相；要保证人民在法律面前人人平等，不允许任何人有超越于法律之上的特权。总之，党的十一届三中全会实现了新中国成立以来具有深远意义的伟大转折。同样，对中国共产党自身的转变来说，也是从此开始。《解放思想，实事求是，团结一致向前看》主要是面向全党的讲话，无论是解放思想，还是具体的建议，都围绕着党的转变而言的。比如批评党的领导，要解放思想，不是要党去包办一切、干预一切；不是要党政不分、以党代政；不是要"一切统一口径"。《解放思想，实事求是，团结一致向前看》指出：今后，政治路线已经解决了，看一个经济部门的党委善不善于领导，领导得好不好，应该主要看这个经济部门实行了先进的管理方法没有，技术革新进行得怎么样，劳动生产率提高了多少，利润增长了多少，劳动者的个人收入和集体福利增加了多少。各条战线的各级党委的领导，也都要用类似这样的标准来衡量。这就是今后主要的政治。从此，中共产党领导中国人民在探索建设中国特色社会主义道路的实践中，赢得人民群众衷心拥护，成为中国特色社会主义事业的坚强领导核心。

第五章 "讲话"内涵对当今中国的启示

《解放思想，实事求是，团结一致向前看》中对中国命运的深切关注和解放思想实事求是的思想，以及对历史问题的态度、研究新情况、解决新问题等这些内容，对我们今天仍有重要的启示。今天我们"向前看"，同样需要解放思想，同样需要正确对待历史问题，同样需要研究新情况、解决新问题。当然，《解放思想，实事求是，团结一致向前看》中提到的具体建议，在今天看来已经过时，但是，我们从更宏观的角度回望这篇讲话对今天"向前看"的启示，仍然有非常重要的意义。

第一节 吹奏解放思想先声号角依然在党

《解放思想，实事求是，团结一致向前看》是我们党在历史转折关头，吹响的解放思想的号角。今天，我们进行社

150

会主义各项事业建设，依然需要我们党适时解放思想，并向全国人民发出号召。我们的党经过90多年发展，已呈现了不同于30年前的新的时代风貌。

一、吹奏解放思想先声号角要靠领导集体

在新的时代，解放思想实事求是，很难再仅仅依靠某一位领导人，而是要靠党的领导集体，要靠全党。

在新的时代，我党在反思历史的基础上已经建立了中央集体领导制度。邓小平明确地指出："一个国家的命运建立在一两个人的声望上面是不健康的，是危险的，不出事没问题，一出事就不可收拾。"我们党的集体领导制度已经逐步健全，今天已经形成了中央政治局常委代表六大机构的集体领导格局：党中央、全国人大、国务院、全国政协、中央军委和中央纪委，总书记同时兼任国家主席和中央军委主席。这种集体领导，避免了一个人说了算的个人权力过分集中的情况，也摒弃了"接班人"模式的弊端。我们可以看看《中国共产党党内监督条例（试行）》的规定：党的各级领导班子主要负责人应当带头执行民主集中制，支持领导班子成员在职责范围内独立负责地开展工作。领导班子成员要互相信

任，互相支持，维护和增强领导班子的团结。凡属方针政策性的大事，凡属全局性的问题，凡属重要干部的推荐、任免和奖惩，都要按照集体领导、民主集中、个别酝酿、会议决定的原则，由党的委员会集体讨论作出决定。各级委员会实行集体领导和个人分工负责相结合的制度。

所以，在新的时代，党和国家的决策更依托于集体领导，而不是依托于个人。未来充当号手、吹奏号角的、引领中国解放思想、顺利进行社会主义建设的，是集体领导的党。也正因为如此，我们党要加强领导集体的制度健全，加强领导集体的判断力、决断力、魄力，在面对党和国家命运抉择的时候，在进行各项社会主义事业建设的时候，真正起到号手的作用。

二、吹奏解放思想先声号角要靠全体党员

我们党的领导是建立在全体党员智慧和力量积累基础上的，是集体智慧的结晶，是集体力量的结果。在新的时代，党内民主建设实践不断发展，这就更有利于发挥全体党员的积极性。进而，在未来引领整个国家和社会解放思想，进行社会主义建设过程中，需要每个党员都要积极发挥作用。

党内民主生活实践丰富多彩，如各级领导班子加强了民主决策机制建设，讨论决定重大问题和任用重要干部实行票决制，党务公开迅速扩大，党的代表大会代表任期制以及县级代表大会常任制开始试行。再如基层党组织民主选举的探索在积极推进，公推直选产生领导班子成员和民主推荐、民主测评、竞聘上岗等选拔任用干部制度取得显著成效。

在这种形势下，广大干部和党员要更注重练就个人过硬的本领，在各级各领域工作中的，按照政治家的要求完善自己。十四届四中全会首次提出了中国政治家的政治要求：高级干部，特别是省部以上党政主要领导干部，首先要努力成为忠诚于马克思主义、坚持走有中国特色社会主义道路、会治党治国的政治家；应该具有坚定的政治信念，应该具有开拓的眼界，应该具有宽阔的胸襟，具有优良的作风，还要具有较强的领导能力。中共中央对十八届"两委"人选的要求也体现出政治家的方向：应当是用马克思列宁主义、毛泽东思想、邓小平理论和"三个代表"重要思想武装起来，深入贯彻落实科学发展观，坚决贯彻党的基本路线、基本纲领、基本经验，坚定不移走中国特色社会主义道路，全心全意为人民服务，立党为公、执政为民，求真务实、改革创新，艰苦奋斗、清正廉洁，富有活力、团结和谐，思想上、政治上、组织上高度统一，始终走在时代前列，能够驾驭复杂局面，应对各种挑战，带领全党全国各族人民不断推动社会主义经济建设、政治建设、文化建设、社会建设以及生态文明建设和党的建设全面发展的政治家集团。这里特别要求能够驾驭复杂的局面，能够应对各种挑战。

三、吹奏解放思想先声号角要始终围绕社会主义建设

我们党引领解放思想，遵循实事求是，并不是目的本身，目的是建设好我们的国家，建设好社会主义。只有抓住这根主线，解放思想实事求是才有的放矢；只有抓住这根主线，解放思想实事求是才有意义；也只有抓住这根主线，我们党才能真正发挥号手的作用。

在新的时代，我们党的角色已经从领导人民为夺取全国政权而奋斗的党，转变成为领导人民掌握全国政权并长期执政的党。我们党的执政模式也逐步形成了在市场经济条件和法治框架下，领导政府和社会共同参与国家建设的模式。在当今时代，国家建设越来越成为一项复杂系统的工程，越来

越需要我们的党以改革创新精神，全面提高党的建设科学化水平。我们必须牢牢把握加强党的执政能力建设、先进性和纯洁性建设这条主线，坚持解放思想、改革创新，建设学习型、服务型、创新型的执政党，确保党始终成为中国特色社会主义事业的坚强领导核心。

当前，我们党担负着团结带领人民全面建成小康社会、推进社会主义现代化、实现中华民族伟大复兴的重任。这是我们当前的中心任务，我们党必须牢牢抓住这个中心任务。只有牢牢抓住这个中心任务，才能统领我们的决策和各项工作，带领国家沿着正确的发展道路前进。

第二节　解放思想与"中国梦"

解放思想，在每个历史关头，都是一个政治问题。因为在这种时候，通常会有两种或几种不同的选择摆在我们面前。在这种时候，只有解放思想，实事求是，按照正确的思想路线，才能作出正确的选择。今天，中国又处在了新的历史起点上，开启了实现"中国梦"的新征程，同样需要我们解放思想，实事求是，解决好历史问题，研究新情况新问题，成功完成圆梦之旅。

一、重大历史关头都需要解放思想

我们党的历史上，有过几次这样的历史关头。

1935年，由于我党坚持了以王明为代表的"左"倾教条主义的领导，导致红军第五次反"围剿"失败，被迫进行长征。在长征初期这样的局面还继续着，使我们遭受严重挫折，甚至到了生死存亡的关口。这年1月，中国共产党在贵州遵义召开会议，解放了思想，重新回到实事求是的路线，不是从理论、从本本出发，而是结合中国革命实际，进行道路和方向的抉择。由此，我们党毅然纠正了王明"左"倾领导在军事指挥上的错误，结束了"左"倾教条主义在党中央的统治，在极端危急时刻，挽救了党，挽救了红军，挽救了中国革命。这在我党历史上是一个重大的转折点。这也是中国共产党独立自主地运用马克思列宁主义基本原理，结合中国实际，解决自己的路线方针政策，这是实事求是思想路线的胜利，这是解放思想的结果。

1978年，中国又一次来到了历史关头。此时，"文化大革命"已经结束，中国面临着的是继续接受"两个凡是"

的禁锢，还是开辟别的道路。在这个历史关头，我们党坚持解放思想，重新确立实事求是的思想路线，结合中国发展实际，打破"两个凡是"的禁锢，开辟新的道路，集中力量进行现代化建设。这是实事求是思想路线的一次胜利，这也是解放思想的结果。从此，"两个凡是"退出历史舞台，中国开始了探索中国特色社会主义道路的新征程。

20世纪80年代末90年代初，世界共产主义运动遭遇重大挫折，这种大气候对国内的政治也产生了影响。此时，对于未来社会主义中国的发展道路有不同的声音，中国改革开放遇到了来自"左"和右两个方面错误思潮的干扰。在这一历史关头，邓小平坚持解放思想，实事求是，结合当时国际国内的实际状况，发表了一系列重要讲话，特别是1992年的"南方谈话"，回应了上述不同的声音，回答了中国改革开放应该如何抉择的问题。这次谈话对中国政治乃至于整个中国社会的发展产生了极大影响。党的十四大就是在这个思想基础上召开的，规划了新时期改革开放的新蓝图。从而，中国在中国特色社会主义道路上继续向前。

实践证明，我们犯过错误甚至遇到严重挫折的时候，根本的原因就在于我们的指导思想脱离了中国实际，拘泥于本本，拘泥于理论，禁锢了思想。实践也证明，我们党能够依靠自己和人民的力量纠正错误，在挫折中奋起，继续胜利前进，根本原因也在于我们解放思想，挣脱禁锢，重新恢复实事求是的思想路线。历史反复证明，越是历史关头，越需要解放思想，越需要实事求是。

二、当今历史关头与"中国梦"的提出

今天，在国际上，很多西方国家不再认可中国曾经的发展中国家地位，而是认为我们已经由发展中国家向大国转变，甚至已经把我们当作大国来看待，进而要求我们承担更多的国际责任。在中国内部，改革开放成功进行了30多年，有人认为已经无路可走，应该进行重新抉择；有人认为改革开放应该继续推进，但会触动更多人的利益，会很艰难；有人认为在中国的现代化，在器物现代化方面已经取得很大成就，但在制度、文化建设方面还没有跟上来，是不成功的现代化，等等。在这样的历史起点上，我们需要再一次审视中国的实际，解放思想，实事求是，从而作出正确的选择，带领中国顺利完成国家转型。

在新的时期，对外方面，中国将通过深化合作促进世

界经济强劲、可持续、平衡增长，致力于缩小南北差距，支持发展中国家增强自主发展能力，坚持权利和义务相平衡，积极参与全球经济治理。对内方面，中国将抓住重要战略机遇期，坚持以人为本、全面协调可持续发展，构建社会主义和谐社会，形成中国特色社会主义事业总体布局，着力保障和改善民生，促进社会公平正义，积极推进政治体制改革和文化强国建设，在改善民生和创新管理中加强社会建设，大力推进生态文明建设，等等。所有这一切，都蕴含在"中国梦"中。

习近平在参观"复兴之路"展览时提出了实现中华民族伟大复兴的"中国梦"。而后，习近平在十二届全国人大一次会议上的讲话中对"中国梦"作了系统的阐述。

中华民族具有五千多年连绵不断的文明历史，创造了博大精深的中华文化，为人类文明进步作出了不可磨灭的贡献。经过几千年的沧桑岁月，把我国56个民族、13多亿人紧紧凝聚在一起的，是我们共同经历的非凡奋斗，是我们共同创造的美好家园，是我们共同培育的民族精神，而贯穿其中的、更重要的是我们共同坚守的理想信念。

实现全面建成小康社会、建成富强民主文明和谐的社会主义现代化国家的奋斗目标，实现中华民族伟大复兴的"中国梦"，就是要实现国家富强、民族振兴、人民幸福，既深深体现了今天中国人的理想，也深深反映了我们先人们不懈追求进步的光荣传统。

面对浩浩荡荡的时代潮流，面对人民群众过上更好生活的殷切期待，我们不能有丝毫自满，不能有丝毫懈怠，必须再接再厉、一往无前，继续把中国特色社会主义事业推向前进，继续为实现中华民族伟大复兴的"中国梦"而努力奋斗。

"中国梦"归根到底是人民的梦，必须紧紧依靠人民来实现，必须不断为人民造福。我们要坚持党的领导、人民当家做主、依法治国有机统一，坚持人民主体地位，扩大人民民主，推进依法治国，坚持和完善人民代表大会制度的根本政治制度，中国共产党领导的多党合作和政治协商制度、民族区域自治制度以及基层群众自治制度等基本政治制度，建设服务政府、责任政府、法治政府、廉洁政府，充分调动人民积极性。

我们要坚持发展是硬道理的战略思想，坚持以经济建设为中心，全面推进社会主义经济建设、政治建设、文化建设、社会建设、生态文明建设，深化改革开放，推动科学发展，不断夯实实现"中国梦"的物质文化基础。

我们要随时随地倾听人民呼声、回应人民期待，保证人民平等参与、平等发展权利，维护社会公平正义，在学有所教、劳有所得、病有所医、老有所养、住有所居上持续取得新进展，不断实现好、维护好、发展好最广大人民根本利益，使发展成果更多更公平惠及全体人民，在经济社会不断发展的基础上，朝着共同富裕方向稳步前进。

我们要巩固和发展最广泛的爱国统一战线，加强中国共产党同民主党派和无党派人士团结合作，巩固和发展平等团结互助和谐的社会主义民族关系，发挥宗教界人士和信教群众在促进经济社会发展中的积极作用，最大限度团结一切可以团结的力量。

"功崇惟志，业广惟勤。"我国仍处于并将长期处于社会主义初级阶段，实现"中国梦"，创造全体人民更加美好的生活，任重而道远，需要我们每一个人继续付出辛勤劳动和艰苦努力。

习近平后来在出访俄罗斯、非洲国家和出席亚洲博鳌论坛等讲话中又进一步作了论述：实现中华民族伟大复兴的

"中国梦"，就是要实现国家富强、民族振兴、人民幸福。"中国梦"是国家民族的梦，也是每个中国人的梦，归根到底是人民的梦。

三、如何解放思想推动实现"中国梦"

要理解解放思想与实现"中国梦"的关系，首先我们要充分理解"中国梦"。

第一，在新中国历史视角下的"中国梦"。新中国成立以来，以毛泽东为核心的党的第一代中央领导集体创立毛泽东思想，带领全党全国各族人民建立新中国，取得社会主义革命和建设伟大成就，以及取得艰辛探索社会主义建设规律的宝贵经验。新民主主义革命的胜利，社会主义基本制度的建立，为当代中国一切发展进步奠定了根本政治前提和制度基础。以邓小平为核心的党的第二代中央领导集体，面对十年"文化大革命"造成的危难局面，坚持解放思想、实事求是，以巨大的政治勇气和理论勇气，科学评价毛泽东和毛泽东思想，彻底否定"以阶级斗争为纲"的错误理论和实践，作出把党和国家工作中心转移到经济建设上来、实行改革开放的历史性决策，确立社会主义初级阶段基本路线，指引全党全国各族人民在改革开放的伟大征程上阔步前进。以江泽民为核心的党的第三代中央领导集体从十三届四中全会到十六大，受命于重大历史关头，高举邓小平理论伟大旗帜，坚持改革开放、与时俱进，在国内外政治风波、经济风险等严峻考验面前，依靠党和人民，捍卫中国特色社会主义，创建社会主义市场经济新体制，开创全面开放新局面，推进党的建设新的伟大工程，创立"三个代表"重要思想，继续引领改革开放的航船沿着正确方向破浪前进。

十六大以来，我们以邓小平理论和"三个代表"重要思想为指导，顺应国内外形势发展变化，着力推动科学发展、促进社会和谐，完善社会主义市场经济体制，在全面建设小康社会实践中坚定不移地把改革开放伟大事业继续推向前进。今天，一个面向现代化、面向世界、面向未来的社会主义中国巍然屹立在世界东方。我们要继续解放思想，实事求是，坚持改革开放的正确道路。事实雄辩地证明，改革开放是决定当代中国命运的关键抉择，是发展中国特色社会主义、实现中华民族伟大复兴的必由之路。

第二，在现代化历史视角下的"中国梦"。如果把现代化放到整个中国历史的长河中，我们会看到，它的起点不在

1949年，也不在1978年，而是从近代时期就开始了。近代中国，在半殖民地半封建社会的形势下，很多志士仁人开始探索中国的发展道路。在探索的道路上，经历了洋务运动、辛亥革命，经历了抗日战争、国共内战，经历了新中国成立、改革开放，一直走到今天。在这个漫长的历史进程中，最终是改革开放使中国真正实现了现代化。

　　我们要继续解放思想，实事求是，客观认识改革开放对于中国现代化之路的重大意义，同时不局限于改革开放史，也把中国历史上不同时期志士仁人的现代化思考都纳入进来，思考未来现代化。在这个基础上，更要客观地认识到现代化是一个全面的现代化，不仅包括经济现代化，还包括制度、文化等现代化。只有这样，我们才能在全面建设未来现代化的道路上，实现"中国梦"。

　　第三，在中华民族历史视角下的"中国梦"。在更久远的历史长河中，在更广阔的世界历史舞台，古老的中华文明，随着西方资本主义的兴起，逐步脱离人们注视的中心。在中国与世界关系的历史长河中，主要是以中国中原王朝为中心的朝贡体系，与世界的交流有限，丝绸之路、征战世界、西洋之航寥寥无几，大部分时间是闭眼不看世界。后来，世界列强侵略中国，中国被沦为半殖民地，之后中国参与了世界反法西斯联盟，再之后中国成为社会主义阵营的重要力量。当今时代，世界最显著最重大的变化，就是和平与发展成为时代主题，东欧剧变、苏联解体、两极格局终结，世界社会主义发生严重曲折；西方资本主义出现不同程度的危机。世界多极化不可逆转，经济全球化深入发展，综合国力竞争日趋激烈。

中国自身所发生的广泛而深刻的变革，是在世界政治经济格局乃至人类文明发展样式同样经历了伟大变革的恢宏背景下展开的，这就使得中国的前途命运同人类文明的前途命运紧密地联系在一起。中国的发展离不开世界，世界的发展也需要中国。在这个视角下、脉络中，我们必须睁眼看世界，解放思想，关注世界，把中国纳入世界视角，从宏观角度认识中国。当然，我们这种解放思想，是把中心放在发展自己身上，同时积极融入世界，或者说，为了更好地发展自己，积极融入世界。最终，实现中华民族的世界梦。

总之，实现"中国梦"必须走中国道路，这就是中国特色社会主义道路。这条道路来之不易，它是在改革开放30多年的伟大实践中走出来的，是在中华人民共和国成立60多年的持续探索中走出来的，是在对近代以来170多年中华民族发展历程的深刻总结中走出来的，是在对中华民族五千多年悠久文明的传承中走出来的，具有深厚的历史渊源和广泛的现实基础。中华民族是具有非凡创造力的民族，我们创造了伟大的中华文明，我们也能够继续拓展和走好适合中国国情的发展道路。全国各族人民一定要增强对中国特色社会主义的理论自信、道路自信、制度自信，坚定不移沿着正确的中国道路奋勇前进。

实现"中国梦"必须弘扬中国精神。这就是以爱国主义为核心的民族精神，以改革创新为核心的时代精神。这种精神是凝心聚力的兴国之魂、强国之魂。爱国主义始终是把中华民族坚强团结在一起的精神力量，改革创新始终是鞭策我们在改革开放中与时俱进的精神力量。全国各族人民一定要弘扬伟大的民族精神和时代精神，不断增强团结一心的精神纽带、自强不息的精神动力，永远朝气蓬勃迈向未来。

实现"中国梦"必须凝聚中国力量。这就是中国各族人民大团结的力量。"中国梦"是民族的梦，也是每个中国人的梦。只要我们紧密团结，万众一心，为实现共同梦想而奋斗，实现梦想的力量就无比强大，我们每个人为实现自己梦想的努力就拥有广阔的空间。生活在我们伟大祖国和伟大时代的中国人民，共同享有人生出彩的机会，共同享有梦想成真的机会，共同享有同祖国和时代一起成长与进步的机会。有梦想，有机会，有奋斗，一切美好的东西都能够创造出来。全国各族人民一定要牢记使命，心往一处想，劲往一处使，用13亿人的智慧和力量汇集起不可战胜的磅礴力量。

第三节　以改革开放的历史为鉴向前看

在今天，我们面临的历史问题已经和1978年前后的中国不同。但我们同样需要继承《解放思想，实事求是，团结一致向前看》中所提倡的对待历史问题的正确态度。在今天，1978年本身也已经成为"历史"，而且对于今天中国现代化建设实践来说，是一段具有铺垫意义的历史。

从1978年到今天，中国30多年的发展历程，最鲜明的特点就是改革开放：从农村到城市、从经济领域到其他各个领域，全面改革的进程势不可挡地展开了；从沿海到沿江沿边，从东部到中西部，对外开放的大门毅然决然地打开了。这场历史上从未有过的大改革大开放，极大地调动了亿万人民的积极性，使我国成功实现了从高度集中的计划经济体制到充满活力的社会主义市场经济体制、从封闭半封闭到全方位开放的伟大历史转折。

未来中国，向前走，必须以这段改革开放的历史为借鉴。

一、总结改革开放的历史经验

党的十一届三中全会以来，在30年的创造性实践中，我们经过艰辛探索，积累了宝贵经验，概括起来就是"十个结合"。

必须把坚持马克思主义基本原理同推进马克思主义中国化结合起来，解放思想、实事求是、与时俱进，以实践基础上的理论创新为改革开放提供理论指导。30年来，我国改革开放取得伟大成功，关键是我们既坚持马克思主义基本原理、又根据当代中国实践和时代发展不断推进马克思主义中国化，形成和发展了包括邓小平理论、"三个代表"重要思想以及科学发展观等重大战略思想在内的中国特色社会主义理论体系，赋予当代中国马克思主义勃勃生机。

必须把坚持四项基本原则同坚持改革开放结合起来，牢牢抓住经济建设这个中心，始终保持改革开放的正确方向。30年来，我们毫不动摇地坚持党的基本路线，既以四项基本原则保证改革开放的正确方向，又通过改革开放赋予四项基本原则新的时代内涵，坚持把以经济建设为中心同四项基本原则、改革开放这两个基本点统一于发展中国特色社会主义的伟大实践，使中国特色社会主义在当今世界的深刻变化和当代中国的深刻变革中牢牢站住了、站稳了，成为充满生机活力的社会主义。

必须把尊重人民首创精神同加强和改善党的领导结合起来，坚持执政为民、紧紧依靠人民、切实造福人民，在充分发挥人民创造历史作用中体现党的领导核心作用。30年来，我们坚持人民创造历史这一马克思主义科学原理，真诚代表中国最广大人民的根本利益，紧紧依靠人民，最广泛地调动人民群众的积极性、主动性、创造性，从人民中汲取智慧，加强和改善党的领导，使党得到人民充分信赖和拥护，始终发挥领导核心作用，为改革开放和社会主义现代化建设凝聚起强大力量、提供根本政治保证。

必须把坚持社会主义基本制度同发展市场经济结合起来，发挥社会主义制度的优越性和市场配置资源的有效性，使全社会充满改革发展的创造活力。30年来，我们既在深刻而广泛的变革中坚持社会主义基本制度，又创造性地在社会主义条件下发展市场经济，使经济活动遵循价值规律的要求，不断解放和发展社会生产力，增强综合国力，提高人民生活水平，更好实现经济建设这个中心任务。建立和完善社会主义市场经济体制，是我们党对马克思主义和社会主义的历史性贡献。

必须把推动经济基础变革同推动上层建筑改革结合起来，不断推进政治体制改革，为改革开放和社会主义现代化建设提供制度保证和法制保障。30年来，我们既积极推进经济体制改革，又积极推进政治体制改革，发展社会主义民主政治，建设社会主义法治国家，保证人民当家做主，不断推动我国社会主义上层建筑与经济基础相适应，社会主义民主政治展现出更加旺盛的生命力。

必须把发展社会主义生产力同提高全民族文明素质结合起来，推动物质文明和精神文明协调发展，更加自觉、更加主动地推动文化大发展大繁荣。30年来，我们既重视物的发展即社会生产力的发展，又重视人的发展即全民族文明素质的提高，坚持物质文明和精神文明两手抓，实行依法治国和以德治国相结合，以科学的理论武装人、以正确的舆论引导人、以高尚的情操塑造人、以优秀的作品鼓舞人，着力培育有理想、有道德、有文化、有纪律的公民，不断提高全民族的思想道德素质和科学文化素质，为改革开放和社会主义现代化建设提供强大精神动力和智力支持、营造良好舆论环境。

必须把提高效率同促进社会公平结合起来，实现在经济发展的基础上由广大人民共享改革发展成果，推动社会主义和谐社会建设。30年来，我们既高度重视通过提高效率来增强社会活力、促进经济发展，又高度重视在经济发展的基础上，通过实现社会公平来促进社会和谐，坚持以人为本，以解决人民最关心最直接最现实的利益问题为重点，着力发展社会事业，着力完善收入分配制度，保障和改善民生，走共同富裕道路，努力形成全体人民各尽其能、各得其所而又和谐相处的局面，为改革开放和社会主义现代化建设营造良好社会环境。

必须把坚持独立自主同参与经济全球化结合起来，统筹好国内国际两个大局，为促进人类和平与发展的崇高事业作出贡献。30年来，我们既高度珍惜并坚定不移地维护中国人民经过长期奋斗得来的独立自主权利，又坚持对外开放的基本国策，始终站在国际大局与国内大局相互联系的高度审视中国和世界的发展问题，思考和制定中国的发展战略，坚持独立自主的和平外交政策，坚持和平发展道路，坚持互利共赢的开放战略，推动建设持久和平、共同繁荣的和谐世界，为我国发展争取良好国际环境，也为世界和平与发展作出重要贡献。

必须把促进改革发展同保持社会稳定结合起来，坚持改革力度、发展速度和社会可承受程度的统一，确保社会安定团结、和谐稳定。30年来，我们既大力推进改革发展，又正确处理改革发展稳定关系，坚持改革是动力、发展是目的、稳定是前提，把不断改善人民生活作为处理改革发展稳定关系的重要结合点，在社会稳定中推进改革发展，通过改革发展促进社会稳定，在当今世界发生广泛而深刻的变化、当代中国发生广泛而深刻的变革的大环境下，始终保持社会大局稳定。

必须把推进中国特色社会主义伟大事业同推进党的建设新的伟大工程结合起来，加强党的执政能力建设和先进性建设，提高党的领导水平和执政水平、拒腐防变和抵御风险能力。30年来，我们既紧紧围绕推进中国特色社会主义事业来推进党的建设，又通过加强和改进党的建设来推进中国特色社会主义事业，顺应世情、国情、党情的新变化，明确党的历史方位，坚持党要管党、从严治党，坚持以改革创新精神加强党的自身建设，不断提高党的执政能力、保持和发展党的先进性，不断增强党的阶级基础和扩大党的群众基础，不断提高拒腐防变和抵御风险能力，始终保持党同人民群众的血肉联系，使党始终成为中国特色社会主义事业的坚强领导核心。

30年来，我们党的全部理论和全部实践，归结起来就是创造性地探索和回答了什么是马克思主义、怎样对待马克思主义，什么是社会主义、怎样建设社会主义，建设什么样的党、怎样建设党，实现什么样的发展、怎样发展等重大理论和实际问题。30年的历史经验归结到一点，就是把马克思主义基本原理同中国具体实践相结合，走自己的路，建设中国特色社会主义。

二、继续推进改革开放和社会主义现代化事业

党的十一届三中全会以来，30年的伟大历程和伟大成就

深刻昭示我们：改革开放是决定当代中国命运的关键抉择，是发展中国特色社会主义、实现中华民族伟大复兴的必由之路；只有社会主义才能救中国，只有改革开放才能发展中国、发展社会主义、发展马克思主义；改革开放符合党心民心、顺应时代潮流，方向和道路是完全正确的，成效和功绩不容否定，停顿和倒退没有出路。

在新的国际国内形势下和新的历史起点上，我们必须坚定不移地坚持党的十一届三中全会以来开辟的中国特色社会主义道路，坚定不移地坚持党的基本理论、基本路线、基本纲领、基本经验，勇于变革、勇于创新，永不僵化、永不停滞，不为任何风险所惧，不为任何干扰所惑，继续奋勇推进改革开放和社会主义现代化事业。

我们一定要坚持高举中国特色社会主义伟大旗帜，继续推进马克思主义中国化。高举中国特色社会主义伟大旗帜，最根本的就是要坚持中国特色社会主义道路和中国特色社会主义理论体系。中国特色社会主义理论体系，既展现了当代中国马克思主义的勃勃生机，又为我们继续进行理论创新打开了广阔空间。发展中国特色社会主义是一项长期的历史任务，必须坚持不懈地为之奋斗。发展中国特色社会主义理论体系也是一项长期的历史任务，必须随着中国特色社会主义实践的发展而发展。我们要坚持解放思想、实事求是、与时俱进，坚持以我国改革开放和现代化建设的实际问题、以我们正在做的事情为中心，着眼于马克思主义理论的运用，着眼于对实际问题的理论思考，着眼于新的实践和新的发展，深入研究和回答重大理论和现实问题，不断把党带领人民创造的成功经验上升为理论，不断赋予当代中国马克思主义鲜明的实践特色、民族特色、时代特色，不断推动当代中国马克思主义大众化，让当代中国马克思主义放射出更加灿烂的真理光芒。

我们一定要坚持改革开放的正确方向，着力构建充满活力、富有效率、更加开放、有利于科学发展的体制机制。这30年来，中国人民的面貌、社会主义中国的面貌、中国共产党的面貌之所以能够发生历史性变化，最根本的就是我们在党的基本路线指引下，始终坚持改革开放的正确方向。中国未来的发展也必须靠改革开放。实践永无止境，探索和创新也永无止境。世界上没有放之四海而皆准的发展道路和发展模式，也没有一成不变的发展道路和发展模式。我们既不能把书本上的个别论断当作束缚自己思想和手脚的教条，也不能把实践中已见成效的东西看成完美无缺的模式。我们要适应国内外形势的新变化、顺应人民新期待，坚定信心、砥砺勇气，坚持不懈地把改革创新精神贯彻到治国理政各个环节，继续推进经济体制、政治体制、文化体制、社会体制改革创新，加快重要领域和关键环节改革步伐，坚决破除一切妨碍科学发展的思想观念和体制机制弊端，促进现代化建设各个环节、各个方面相协调，促进生产关系和生产力、上层建筑与经济基础相协调，不断完善适合我国国情的发展道路和发展模式。

我们要坚持对外开放的基本国策，拓展对外开放广度和深度，提高开放质量，完善内外联动、互利共赢、安全高效的开放型经济体系，加强同世界各国的经济技术交流合作，继续以自己的和平发展促进世界各国共同发展。我们一定要坚持抓好发展这个党执政兴国的第一要务，更好地做到发展成果由人民共享。在当前国际形势深刻变化特别是国际金融危机不断扩散和蔓延的情况下，我们要更加自觉、更加坚定地牢牢扭住经济建设这个中心，继续聚精会神搞建设、一心一意谋发展，坚持走生产发展、生活富裕、生态良好的文明发展道路。要深入贯彻落实科学发展观，坚持第一要义是发展、核心是以人为本、基本要求是全面协调可持续、根本方法是统筹兼顾，按照统筹城乡发展、统筹区域发展、统筹经济社会发展、统筹人与自然和谐发展、统筹国内发展和对外开放的要求，着力把握发展规律、创新发展理念、转变发展方式、破解发展难题，全面推进社会主义现代化事业，更好实施科教兴国战略、人才强国战略、可持续发展战略，加快推进经济结构战略性调整，加快提高自主创新能力、建设创新型国家，加快建设资源节约型、环境友好型社会，不断增强经济实力、科技实力、综合国力，提高国际竞争力和抗风险能力，为发展中国特色社会主义打下坚实基础。

我们要切实实施好进一步扩大内需、促进经济增长的各项措施，妥善应对国际金融危机以及来自国际经济环境的各种风险，全力保持经济平稳较快发展。我们党领导人民全面建设小康社会、进行改革开放和社会主义现代化建设的根本目的，是要通过发展社会生产力，不断提高人民物质文化生活水平，促进人的全面发展。我们要时刻把群众的安危冷暖放在心上，真诚倾听群众呼声，真实反映群众意愿，真情关心群众疾苦，多为群众办好事、办实事，特别是要千方百计帮助困难群众排忧解难，切实抓好地震灾区灾后恢复重建，切实保障人民经济、政治、文化、社会权益，不断促进社会和谐稳定。

我们一定要坚持戒骄戒躁、艰苦奋斗，不断开创改革开放和社会主义现代化事业新局面。我们的事业是面向未来的事业。实现全面建设小康社会的目标还需要继续奋斗十几年，基本实现现代化还需要继续奋斗几十年，巩固和发展社会主义制度则需要几代人、十几代人甚至几十代人坚持不懈地努力奋斗。艰苦奋斗是我们的传家宝，我们党靠艰苦奋斗起家，我们的事业靠艰苦奋斗发展壮大，我们的幸福生活和美好未来也要靠艰苦奋斗去开创、去实现。全党全国各族人民要长期奋斗、顽强奋斗、不懈奋斗。我们要增强忧患意识，始终居安思危，保持清醒头脑，充分估计前进道路上种种可以预料和难以预料的困难和风险，进一步抓住和用好我国发展的重要战略机遇期，不断创造新的业绩。我们要增强学习的紧迫感和自觉性，刻苦学习马克思列宁主义、毛泽东思想，特别是邓小平理论、"三个代表"重要思想以及科学发展观等重大战略思想，学习做好工作所需要的一切新知识，坚持求真务实，加强战略思维，树立世界眼光，提高对发展中国特色社会主义规律的认识，增强工作的原则性、系统性、预见性、创造性，提高推动科学发展、促进社会和谐能力。

我们要深入开展党风廉政建设和反腐败斗争，坚持标本兼治、综合治理、惩防并举、注重预防的方针，继续旗帜鲜明地反对腐败，切实改进作风，始终保持共产党人的蓬勃朝气、昂扬锐气、浩然正气。我们要自觉维护全党的团结统一，保持党同人民群众的血肉联系，巩固全国各族人民的大团结，加强海内外中华儿女的大团结，促进中国人民同世界各国人民的大团结，进一步把我们自己的事情办好，在发展中国特色社会主义的历史画卷上描绘出更新更美的图画。

三、坚持中国特色社会主义道路的探索

在探索中国特色社会主义的道路上，新民主主义革命的胜利，社会主义基本制度的建立，奠定了根本政治前提和制度基础。把党和国家工作中心转移到经济建设上来、实行改革开放，确立社会主义初级阶段基本路线，指引全党全国各族人民改革开放。在国内外政治风波、经济风险等严峻考验面前，引领改革开放沿着正确方向前进。着力推动科学发展、促进社会和谐，完善社会主义市场经济体制，在全面建

设小康社会实践中坚定不移地把改革开放伟大事业继续推向前进。

今天，在新的历史起点上，我们必须坚定不移地坚持中国特色社会主义道路，必须牢牢把握以下基本要求：

必须坚持人民主体地位。中国特色社会主义是亿万人民自己的事业。要发挥人民主人翁精神，坚持依法治国这个党领导人民治理国家的基本方略，最广泛地动员和组织人民依法管理国家事务和社会事务、管理经济和文化事业、积极投身社会主义现代化建设，更好保障人民权益，更好保证人民当家做主。

必须坚持解放和发展社会生产力。解放和发展社会生产力是中国特色社会主义的根本任务。要坚持以经济建设为中心，以科学发展为主题，全面推进经济建设、政治建设、文化建设、社会建设、生态文明建设，实现以人为本、全面协调可持续的科学发展。

必须坚持推进改革开放。改革开放是坚持和发展中国特色社会主义的必由之路。要始终把改革创新精神贯彻到治国理政各个环节，坚持社会主义市场经济的改革方向，坚持对外开放的基本国策，不断推进理论创新、制度创新、科技创新、文化创新以及其他各方面创新，不断推进我国社会主义制度自我完善和发展。

必须坚持维护社会公平正义。公平正义是中国特色社会主义的内在要求。要在全体人民共同奋斗、经济社会发展的基础上，加紧建设对保障社会公平正义具有重大作用的制度，逐步建立以权利公平、机会公平、规则公平为主要内容的社会公平保障体系，努力营造公平的社会环境，保证人民平等参与、平等发展权利。

必须坚持走共同富裕道路。共同富裕是中国特色社会主义的根本原则。要坚持社会主义基本经济制度和分配制度，调整国民收入分配格局，加大再分配调节力度，着力解决收入分配差距较大问题，使发展成果更多更公平惠及全体人民，朝着共同富裕方向稳步前进。

必须坚持促进社会和谐。社会和谐是中国特色社会主义的本质属性。要把保障和改善民生放在更加突出的位置，加强和创新社会管理，正确处理改革发展稳定关系，团结一切可以团结的力量，最大限度增加和谐因素，增强社会创造活力，确保人民安居乐业、社会安定有序、国家长治久安。

必须坚持和平发展。和平发展是中国特色社会主义的必然选择。要坚持开放的发展、合作的发展、共赢的发展，通过争取和平国际环境发展自己，又以自身发展维护和促进世界和平，扩大同各方利益汇合点，推动建设持久和平、共同繁荣的和谐世界。

必须坚持党的领导。中国共产党是中国特色社会主义事业的领导核心。要坚持立党为公、执政为民，加强和改善党的领导，坚持党总揽全局、协调各方的领导核心作用，保持党的先进性和纯洁性，增强党的创造力、凝聚力、战斗力，提高党科学执政、民主执政、依法执政水平。

我们必须清醒地认识到，我国仍处于并将长期处于社会主义初级阶段的基本国情没有变，人民日益增长的物质文化需要同落后的社会生产之间的矛盾这一社会主要矛盾没有变，我国是世界最大发展中国家的国际地位没有变。在任何情况下都要牢牢把握社会主义初级阶段这个最大国情，推进任何方面的改革发展都要牢牢立足社会主义初级阶段这个最大实际。党的基本路线是党和国家的生命线，必须坚持把以经济建设为中心同四项基本原则、改革开放这两个基本点统一于中国特色社会主义伟大实践，既不妄自菲薄，也不妄自尊大，扎扎实实夺取中国特色社会主义新胜利。

三十多年前的《解放思想，实事求是，团结一致向前看》，核心思想是解放思想，核心目的是向前看。30多年后的今天，我们仍然需要解放思想，仍然需要向前看，这是一个没有终点的征程。在这个伟大的征程上，我们要时刻回望、回味这一伟大的历史讲话，为我们从一个胜利走向另一个胜利，汲取思想的力量、信仰的执着和智慧的营养。

结　语

　　在历史发展的长河中，有很多历史拐点。历史拐点可以细化为"拐点时期"和"拐点时刻"。历史何时进入"拐点时期"，我们经常不知不觉，但历史"拐点时刻"的实现，我们却经常可以从鲜活的生活中感受到，而且通常可以感受到人为的力量。但事实上，不知不觉的"拐点时期"同样是蕴含了人的努力、奋斗、理想、追求，只是他们要是在洞悉、适应历史发展规律的基础上才可以。同时，他们要保持开放的思想胸怀，坚持实事求是，处理好过去，关注新问题新情况，向前看，从而推动历史向前发展。而且，越早这样做，历史的转折就越容易形成合力。正是有这样的人这样的参与，我们才能在"拐点时刻"作出正确的选择，顺利完成在世界聚光灯下的一个完美的定格。

　　1978年的中国，邓小平为核心的第二代中央领导集体实现了"拐点时刻"的完美定格。但在1978年前，正是由于有众多优秀的中国共产党人在艰难中洞悉历史发展客观趋势，坚定信念和理想，从而助力中国进入"拐点时期"，进而助力中国作出正确选择。这一过程体现在《解放思想，实事求是，团结一致向前看》的形成、积累、文本之中。

在我们人生的舞台上，你可能不喜欢在聚光灯下，但是在历史的舞台上，那却是一种使命，一种责任。你可能不会成为聚光灯下最耀眼的舞者，却同样可以发挥自己的优长，助力历史发展。老一辈无产阶级革命家完成了他们的历史使命、历史责任，把中国带到了21世纪，交到了新一代人的手中。

我们相信新一代人有更开放的思想和胸怀，继承优良传统，开拓创新，建设更美丽的中国。我们相信新一代，我们相信未来。

我之所以坚定地相信未来

是我相信未来人们的眼睛

她有拨开历史风尘的睫毛

她有看透岁月篇章的瞳孔

不管人们对于我们腐烂的皮肉

那些迷途的惆怅、失败的苦痛

是寄予感动的热泪、深切的同情

还是给以轻蔑的微笑、辛辣的嘲讽

我坚信人们对于我们的脊骨

那无数次的探索、迷途、失败和成功

一定会给予热情、客观、公正的评定

是的，我焦急地等待着他们的评定

朋友，坚定地相信未来吧

相信不屈不挠的努力

相信战胜死亡的年轻

相信未来、热爱生命